상담실장의 관찰습관

# 병원상담의
# 모든 것

한국보건의료상담협회

김예성

## 변하는 것과 변하지 않는 것

《병원상담의 모든 것》을 낸 후 지난 8년 동안 병원경영의 환경은 많이 변했다. 수명연장과 기술 발달로 우리의 생활과 라이프 스타일이 크게 변했다. 2020년 코로나19의 대유행으로 병원은 기대와 걱정을 한꺼번에 받는 장소가 되었다.

위기 속에서 불안감으로 불평불만을 늘어놓는 병원이 있는가 하면, 지속가능할 준비가 된 병원은 위기를 통해 건강을 염려하는 환자가 많아져 성장의 발판을 마련하는 병원도 있다.

저출산 고령화 사회는 사람들의 라이프 스타일을 바꾸고, 디지털 기술은 고객이 의료기관을 컨텍하고 이용하는 방식을 바꾸어 놓았다. 전염병의 확산은 병원을 빠르게 스마트한 공간으로 바뀌어 가고 있다. 빠른 변화에도 병원에서 가져야 할 변함없는 가치가 있다.

병원의 변함없는 가치는 병원이 하는 모든 결정과 실행은 사람을 중심으로 이루어진다는 것이다.

《병원상담의 모든 것》은 새롭게 사람을 맞이할 준비를 마쳤다. 사람에 대한 변함없는 가치를 이해하고 상담실장으로서 자신만의 가치를 높여 갈 더 많은 사람과 글을 통해 만날 수 있기를 기대한다.

## 《병원상담의 모든 것》 독자 리뷰

'도서 대출했다가 내꺼 만든 매력 책!!! 2018년 9월' 제 책 안쪽에 이렇게 메모되어 있네요.

저는 한의원 근무자입니다. 여느 책과 마찬가지로 제목만 보고 온라인대출을 통해 간단히 읽고 반납할 예정이었고, 중요한 구절과 페이지는 별도의 메모와 필사를 하던 도중 책을 거의 다 받아 적고 있는 저를 발견했습니다. 결국, 책 반납을 미뤘다가 제 돈으로 새 책을 사면서 반납하게 되었습니다.

대단한 책입니다. 원내를 손바닥 위에 올려놓고, 각 선수(직원)들을 포지셔닝 해줍니다. 선수들의 마인드와 스킬을 가르쳐 줍니다. 그래도 모르면 실제 대화의 예시를 들어줍니다. 모든 행위의 근거까지 제시해 보여줍니다. 이 책은 사람과의 소통을 중요시하는 병의원 직원의 길잡이가 되어줄 것이며 가장 가까운 곳에 책을 두어 정독의 횟수를 늘리는 것이 개인 성장의 핵심이 될 것입니다.

임유주

현) MSO 광덕안정한의원 본사 교육매니저
현) 한의원 온라인강의 플랫폼 '닥터한' 강사

> 우리를 가장 기쁘게 하는 것은 자기가 누구에겐가 필요한 존재라는 사실이다. 자기가 있음으로써 다른 사람에게 행복을 준다는 사실은 정말이지 더없이 즐거운 생각이다.
>
> 윌리엄 제임스

"환자분이 계셔서 병원이 잘되는 것 같습니다." 병원 안에서 환자의 존재감을 확인시켜드리면 그 어떤 감사의 표현보다 좋아하신다고 김예성 대표님은 말씀하셨습니다.

이 책은 근거를 기반하면서도 무엇보다 저자의 진정성이 느껴지는 책이었습니다. 15년차 치과위생사 86% 상담동의율의 상담실장으로 성장하는 첫 단계에 이 책이 함께 했습니다.

백성은
서울리오치과 총괄실장

상담 강의때 대표님 책을 통해 배운 내용을 공유하였습니다^^

상담하시는분들은 꼭 읽어봤음 좋겠다고.. 사실 저만 읽고 싶은 책이지만 ㅋㅋ 꾹~~ 참고 널리 알렸습니다!

혼자만 읽고 싶은 책

코디네이터 교재 참고문헌에 등장 (제자가 보내 준 사진)

 박진희
5분 · 수정됨 ·  ▾

난 인복이 많은 사람이다.
다른 이들이 말하는 '인맥'이 내게로와 '인연'이 된다.
아주작은 인연이 모여 '좋은 사람'들이 되어
오늘도 날 행복하게한다.

상담실장들과 상담실장이 되고 싶은
또 상담을 잘하고 싶은 치과위생사들에게
권하고 싶다.

나도 오늘 진료가 끝난후 읽어볼 예정이지만,
'열정과 배려'를 갖춘 그녀의 책이기에
믿고 모두에게 추천한다.

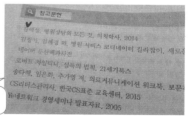

CONTENTS

## 정답은 없다

족집게 강의는 대학입시를 앞둔 고3 학생을 가르치는 대치동 과외 강사에게만 요구되는 능력이 아니다. 병원관계자에게 강의를 준비하기 위해 강의 제목을 정하는 기획과정에서부터 족집게 비법이 요구된다. 격무 중에도 자신의 시간과 돈을 투자해서 계속 공부하는 병원종사자의 마음에 공감하고 관심과 호응을 받을 수 있을지 셀 수 없이 고민한다. 다니엘 핑크는 '파는 것이 인간이다.'라고 말했다. 물건이든 재능이든 시간이든 현대인은 무언가를 누군가에게 팔아야 한다. 대상이 되는 고객의 머릿속과 마음속을 알 수 있는 독심술이 절실하다.

한국보건의료상담협회에서 진행 중인 '토크콘서트'는 기획 당시만 하더라도 병원종사자들이 열린 공간에서 하나의 주제로 서로의 경험과 지식을 공유할 수 있는 편안한 장을 마련하고 싶었다.

학교에 다닐 때만 해도 서른 초중반이면 취집(취직+시집)해야 할 것 같은 분위기였다. 경력과 학력이 높아지고 평균수명이 길어지면서 병원종사자들의 커리어도 다양해지고 장기 근속하는 분들도 많아지고 있다. 고민 끝에 토크콘서트의 첫 번째 주제를 정했다.

첫 번째 주제인 '평생현역 어떻게 준비할 것인가?'는 병원에서 일하는 사람이라면 누구나 특히 여성 종사자라면 한 번쯤 고민해 본 주제라는 생각에 준비했다. 하지만 강의 홍보하는 글에 달린 댓글은 그리 호의적이지 못했다.

'평생현역?? 좋은 말이죠.'

'원장님은 좋아하지 않을 것 같아요.'

'헉!!'

댓글 반응과 같이 강의 수강률도 낮았다. 첫 강의라고 응원 차원에서 찾아주신 지인들이 전부였다.

그래서 조금 더 실무중심적인 주제로 선택한 두 번째 주제인 '신환창출과 꺼진 챠트 다시보기'에는 관심을 가지고 찾아주신 분이 생기기 시작했다.

세 번째 토크콘서트의 주제는 '직장 내에 미운 상사와 동료가 있어 힘들어요.'였다. 주변에서 이직을 고민하는 동료와 직원들과 대화하다 보면 '일보다는 사람 때문에 일하기 힘들다.'라는 이야기를 자주 들었으니 할 말이 많겠다는 생각에 주제로 정했다.

각자의 경험담을 허심탄회하게 이야기하고 공감하면 얼마나 재미있을까? 생각만으로도 재미있었다. 준비하는 내내 즐거웠다. 공감 대화뿐 아니라 병원종사자들의 스트레스의 원인과 해결법 갈등 상대와 대화하는 법 등 나름대로 솔루션도 준비했다.

준비하는 과정은 재미가 있었지만, 수강 신청은 저조하고 강의 당일 비바람이 몰아치더니 강의 부도로 수강생이 아무도 오지 않았다. 빈 강의장에서 파트너 선생님들과 허탈함을 나누고 있었다.

강의 흥행 실패로 기분은 참담했지만, 비바람을 직격탄으로 맞은 것처럼 생각은 맑았다. 강의시간은 회의시간이 되었다.

회의 초반에는 그동안 수없이 이어졌던, 동료와 직원에 대한 원망이 오고 갔다. 많은 시간 투자하며 들었던 고민은 다 거짓말이었구나? 하는 배신감과 그래도 그렇지 이렇게까지 외면을 하나? 하는 실망. 하지만 브레인스토밍을 계속하면서 기획단계에서 준비가 미흡했다는 것을 알 수 있었다.

'우리가 너무 우리만 즐거운 이야기를 들어달라고 우겼구나.'
'사람들은 좀 더 실용적인 내용의 강의를 원하는구나.'
그리고 여기서 좌절해서는 안 되겠다는 결론에 도달하게 됐다.
새로운 각오로 선택한 주제가 '초보 실장은 어려워'이다. 고객의 마음과 고객의 시간에 대한 고려를 시작하고 나서부터 강의에 대한 관심도와 만족도가 상승하기 시작했다.

강의 후 실장님들의 요청이 있을 때는 강의 자료를 그대로 공유했다. SNS로 임상에서나 상담 과정에서 부딪치게 되는 어려움에 대해 가능한 한 빠르게 답변을 남겼다. 회계나 행정적 업무에 필요한 자료와 서식을 개방해 최대한 초보 실장이 성공한 실장이 될 수 있도록 돕는 방법을 찾아가며 과정을 진행했다.

아낌없이 주는 것은 좋았지만, 한편으로 초보 실장의 자기주도학습을 방해하고 있지는 않은지 조심스러운 생각도 들었다.

만약 '환자들이 궁금해하고 답하기 어려운 50가지 질문'이라는 강의를 수강한다면 평소에 답하기 힘든 50가지 질문에 사용 가능한 모범답안을 얻을 수는 있지만 50가지에 해당하지 않은 질문을 하면 어떻게 대응하지?

'그런데요, 저기요. 그래서, 내가 왜요?'

'그래서 나에게 어떤 이익을 준다는 거죠?'

우리의 실장님들은 그 순간을 어떻게 모면하고 있을까?

## 그런데요, 저기요

'이 병원은 다른 병원에 비해 왜 비싼가요?'

'네에 환자분 우리 원장님은… 같은 스파게티도 피자집 스파게티와 호텔 스파게티와 다르잖아요. 그만큼 의료도 원장님과 병원만의 고유함이 있습니다.'

'아~ 그렇군요.'라고 대답해주면 좋겠지만, 간혹 '그래서요. 그게 뭐요?'라고 다르게 답하는 환자에게 어떻게 답해야 할지 준비가 되어 있지 않다면 순간 벙어리가 되어 버린다.

'저 환자 왜 이렇게 까다로운 거야.' 하며 말문이 막혀버린 이유를 환자에게 돌리며 상담을 마무리하면 상담 실력은 제자리걸음이 된다. 상담 실력은 연차와 비례해 상승하지 않는다.

어금니에 음식물이 자꾸 끼고 부어서 아프니 처방전 좀 달라고 말하는 C.C(주요 문제)의 환자가 있다.
'네에~ 환자분 어금니에 음식물이 끼는 이유는 앞니를 빼면서 치아가 없는 공간으로 치아들이 이동해 치아 사이사이가 점점 벌어지기 시작하니……'
'됐고! 처방전이나 줘요. 나도 이미 안다고.'

이유 없이 욕받이가 되는 순간이다.

치과에서 자주 볼 수 있는 사례이다. 원인을 치료하지 않고 지금 당장 불편하고 아프니 진통제나 항생제 처방으로 급한 불을 꺼 보려는 임시 해결책이다.

하지만 우리는 잘 알고 있다. 근본적인 원인 제거 없이 진통제로 진정시킨 통증은 곧 재발하고 건강상태는 더 악화되고, 환자는 이 병원 저 병원을 다니며 처방전을 구하게 될 것을 말이다.

당장 필요한 처방만으로 문제를 해결하려는 환자처럼 상담이나 병원 경영의 팁을 구해 현재 힘든 상황을 모면하기 위해 강의나 세미나를 찾는다면 오래 가지 못하고 소위 약발이 떨어지면 통증이 재발하는 것처럼 곧 상담을 이어가기 위한 진통제가 필요해질 수 있다.

단답형의 강의나 자료수집에 대한 현상을 얀 칩체이스의 '관찰의 눈'에는 이렇게 묘사했다. 얀 칩체이스는 글로벌 혁신 컨설팅 회사에서 글로벌 인사이트 최고 크리에이티브 디렉터로 기업의 요청에 따라 1년의 절반을 세계 여러 나라를 찾아 호기심을 해결하고 기업에 정보를 제공하는 사람이다.

그의 책에는 **'우리는 모두 지름길을 좋아한다.'**로 시작하는 한국어판 서문이 있다. 또 '나의 고객들 중 지름길을 가장 많이 요구하는 것은 한국 기업들이다.'라는 구절도 있지만, '지름길은 없다.'는 나의 생각에 여러분들이 동의할 수 있게 된다면 더 바랄 것이 없겠다.'라고 마무리했다.

꽤 괜찮은 상담실장이 되는 것에도 '지름길은 없다.' 하지만 길은 있다. 누군가의 길을 따라가기보다는 자신의 경험을 기꺼이 나누고 그 과정에 기꺼이 도움을 주고자 하는 사람들과 어울려 보는 것이다.

'병원상담의 모든 것'은 사람들을 어떻게 관찰하고 관찰한 내용을 어떻게 상담 과정에 연결하면 좋은지에 대한 다양한 측면을 고려해 상담 역량개발에 도움이 되도록 노력했다.

## 사심 출판

첫 번째 책《사랑받는 병원》을 쓰면서 우연한 기회에 '책 쓰기 교실'을 수강할 수 있는 기회가 생겼다.

지인을 통해 얻은 우연한 기회로 책 쓰기 교실 수강 이후 강의 기획이나 책을 쓰는 것과 상담 과정을 바라보는 관점을 달리하는 데 도움이 되었다.

책 쓰기 교실의 트레이닝은 쓰기로 시작한 것이 아니라 1주에 한 권

씩 책을 읽고 작가의 시점으로 책에 대한 독후감을 쓰고 신문 칼럼 중
에서 각자가 쓰려고 하는 책의 주제와 관련된 칼럼을 매일 한 편 필사
하는 과제를 수행해야 했다. 임상에서 일하며 매주 과제를 하는 일도
어려웠지만 나를 더 괴롭히는 것은 '책 쓰기 교실을 왜 시작해서 사서
고생을 하고 있나?' 하는 자괴감이었다.

한 장의 그림을 보고 나 역시 '책 쓰기 교실'에서 《사랑받는 병원》을
마무리할 수 있는 힌트를 얻었다. 즉각적인 처방을 원하고 조급한 마음
으로 과제를 제출하다 보니 과정이 즐겁지 않다는 것을 알았다.
한글을 아는 것과 책 쓰기 과정은 다르다. **그냥 말을 할 줄 아는 것
과 상담은 다르다.** 자신을 낮추고 과정이나 과제에 대한 필요성을 알게
된 이후부터 즐거워졌다.

'병원상담의 모든 것'이라는 제목에 끌려 책을 선택했다면, '서론이 길
다' 하고 불만을 토로하는 독자가 있을지도 모르겠다. 병원상담에 필요
한 팁만 뚝딱 알기를 원한다면 지루하게 느껴질 수 있겠다. 프롤로그는
《병원상담의 모든 것》에 대한 사용설명서라고 생각하고 읽으면 좋겠다.
제품을 고장 없이 오래 쓰기 위해 첨부된 사용설명서이다. 조급한 마음
을 잠시 내려두고 리듬에 맞추어 함께 춤을 추어보자.

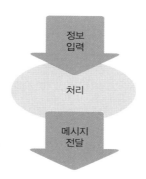

정보
입력

처리

메시지
전달

〈송숙희의 빵굽는 타자기 중에서〉

## 상담의 오리진이 되는 법

그림에서 본 것처럼 입력할 수 있는 정보를 얻을 수 있는 매체나 채널은 다양해지고 있다. 입력정보는 우리가 감당하기 어려울 정도로 많아지고 있다. 사람들은 네트워크를 구성해 정보를 새로운 형태로 변형시켜 또다시 정보를 만들어낸다. 오늘 공부하고 잠들면 내일이 되면 공부할 것이 더 많아지는 신비한 알고리즘 세계가 되었다.

빠르게 늘어나는 정보를 입력만 하고 아무런 소화와 흡수의 과정이 없이 배출하기만 바쁘다면, 새로운 강의나 책을 찾고 인터넷 검색을 통해 질보다는 양을 채우기 위한 즉각적인 해결책을 찾는 중독증상을 경험하게 될지 모른다. 마치 항생제와 진통제에 내성이 생겨 버린 만성질환자처럼 말이다.

무분별하게 정보를 입력과 출력을 반복하는 행동을 그만두고 스스로 병원상담의 전문가 '당신의 오리지날 브랜드'를 만들라고 말한다. 책 전반에 스스로 '상담의 오리지날'이 되라고 무한 반복할 예정이다.

한때 **미수금 없는 실장**으로 활동하던 때가 있었다.

과거를 돌아보고 언제 어디서든 막힘없이 달릴 수 있는 'High Pass 상담법'을 떠올렸던 경험과 그 경험들을 통해 스스로 배워가며, 상담 과정에서 환자들에 관한 생각과 경험을 다듬어 갔던 과정을 설명하고, 그 내용을 임상에서 활용했던 사례 등을 책으로 엮어야겠다고 생각했다. 말을 글로 옮기기 위한 과정에 대한 어려움도 그대로 나눌 수 있도록 최선을 다할 것이다.

누구나 스스로 High Pass 상담법의 오리진이 될 수 있을 것이라는 메시지를 반복할 것이다.

## Good go the Last(마지막 한 방울까지 맛있게)

'생활의 달인' 프로그램을 즐겨 본다. 그중에서도 '생활의 달인 속 도전 최강 달인을 찾아라'는 최애 코너(요리 경연을 특히 좋아함)이다.

손님에게 좋은 먹거리를 제공하기 위해 최선을 다하는 생활 속 달인들을 찾는 과정과 그들의 바른 먹거리에 대한 열정과 손님들의 한 끼나 건강에 대한 책임감을 느낄 수 있어서 좋다.

달인이 음식을 준비하는 고집스러움 속에서 진료서비스를 디자인하고 개발하는 과정에 대한 동료의식을 느낄 수 있어서 일이 힘들 때면 찾아본다.

프로그램을 시청하면서 마지막 한 방울까지 깨끗하게 비워진 뚝배기와 냄비에 남아 있는 양념이 아까워서 밥까지 볶아 먹고 나서야 식사를 마치고 일어서는 손님들을 볼 때면 보는 내가 보람차다.

고되고 힘든 환자 응대에 지쳐있을 때 '당신 덕분에 병원 다니기가 수월하다. 고맙다.'는 인사를 받을 때와 동기화가 된다.

영화를 볼 때도 비슷한 감정을 느낄 때가 있다. 끝나기 무섭게 관객들이 빠져나가는 영화가 있는 반면에 결말이 주는 감동과 여운으로 자리를 쉽게 떠나지 못하는 영화가 있다.

책도 비슷하다. 제목과 표지에 이끌리거나, 레포트나 기획서를 쓰는 데 필요한 부분만 찾아 읽고는 다시 찾지 않는 책이 있다. 반면에 필요에 의해 샀지만, 처음부터 다시 읽고 같은 저자의 다른 작품이 궁금해지는 경우가 있다.

개인적인 욕심이 있다면, 마지막 한 페이지까지 궁금하고 유익한 내용으로 쓰고 싶다. 책을 읽은 사람이나 그의 일터에 작은 변화의 아이디어를 제공할 수 있게 되기를 기대한다.

'Good to the Last' 맥스웰 하우스 커피의 광고 카피처럼 말이다.

## 미수금 없는 실장
· · · · · · · · · · · · · · · · ·

상담강의를 기획하기 위해 3명의 상담실장이 모였다. '상담실장 성공기'라는 주제를 두고 3명이 각자를 표현할 수 있는 상담에 대한 캐릭터를 찾기로 했다.

회의에서 정해진 각자의 캐릭터는 아래와 같다.

'미수금 없는 실장'
'매의 눈을 가진 실장'
'진돗개 실장'

매의 눈을 가진 실장은 개원 치과에 입사해 원장님과 병원을 하나하나 만들어 가다 보니, 원장님과 환자 직원들의 일거수일투족을 매의 날카로운 눈으로 바라보고, 특히 상담에 있어서는 원장님의 치료계획을 철저하게 살피고, 환자의 상태를 파악하여 어느 것 하나 빠뜨리지 않도록 꼼꼼하게 찾아내는 것이 중요하다고 말했다.

진돗개와 본인을 비교한 실장은 남대문 시장 안에 있는 병원에서 일하고 있었다. 이곳의 환자는 지리적 특성상 중소규모의 개인 사업장을 운영하는 50~60대가 주를 이루었기 때문에 유동인구는 적은 편이지만, 장사를 주업으로 하기 때문에 예약시간에 구애됨이 많고, 연령대가 높아 잔정에 약하다는 특징이 있다고 파악했다. 한번 병원에 발을 들여놓은 환자를 끝까지 놓치지 않기 위해 병원이 좀 한가할 때는 시장통을 돌며 환자분들과 인사도 나누고 장기 미내원 환자가 운영하는 상점에 들러 안부를 묻고 하면서 어르신들과의 관계를 돈독하게 하는 과정을 회상하면서 자신을 한번 물면 놓지 않는 진돗개에 빗대어 설명했다.

## 상담실장으로서 나의 브랜드는 무엇인가?

치과, 성형외과에 억대 연봉을 받는 상담실장이 있다는 이야기도 전설처럼 전해지고 있다. 직접 확인할 수는 없었지만, 억대를 받고 있는 실장과 잠시 일해 볼 기회가 있었다.

나는 최고 연봉을 자랑하는 상담실장은 아니다. '연봉킹 상담실장' 캐릭터가 되고 싶어 한 적은 없다.

'동의율킹'도 어렵다. 개인적인 상담동의율을 통계로 내어 본 적은 있지만, 그것을 일일이 다른 실장들의 실적과 비교해 볼 기회는 없었으니, '상담동의율이 최고'인지도 검증되지 않아 사용할 수도 없다. 동의율에 집착하기보다는 상담의 질을 높여 병원과 고객의 가치를 높이고 싶었다. 부가가치를 창출하고 지속 가능한 성장을 할 수 있는 이상적인 모습은 단기적 방법으로 이루기 어렵다.

나만의 캐릭터를 고민하고 있던 중에 병원 수입의 일부가 미수금에 묶여 있다는 이야기를 듣게 되었다. 미수금 회수만 잘해도 한 달 진료수입과 비슷할 것이라고 걱정하는 실장이 있었다. 미수금에는 전임 실장이 남겨 놓은 장기 미수금이 포함되어 있지만, 미수금 회수와 미수금을 발생시키지 않는 다양한 대안들에 대해 자연스럽게 이야기가 오고 갔다.

미수금 이야기를 한참 하다가 캐릭터가 잡혔다. 덕분에 상담하는 동안 미수금 때문에 마음 고생한 기억은 없다.

'미수금 없는 실장' 당시 치과에서는 미수금 회수나 보험청구에 대한 중요성이 강조되고 있었기에 캐릭터를 '미수금 없는 실장'으로 정했다.

### 김 실장은 어떻게 '미수금 없는 실장'이 되었나?

◆ How? How!

병원 생활 초에 10년 후 목표를 '미수금 없는 실장'으로 잡지는 않았다. 강의 준비를 하고 수강생과 지난 경험과 노하우를 공유할 수 있으려면 결과를 놓고 지난 10년을 분석해 볼 필요가 있었다.

10년을 되짚어 보면 잘한 것보다 부끄러운 순간이 먼저 떠올랐지만, 지금 생각해 보면 신입직원 시절 수없이 많은 단점이 공부와 연습을 통해 장점이 된 것 같다. 실수를 만회하기 위해 환자에게 과잉 친절을 베풀던 습관은 환자 경험을 설계하는 서비스 정신의 시작이 된다.

미수금 없는 실장이 된 배경을 과거 속에서 2가지 단서를 찾을 수 있었다.

아래 사진은 필자의 오래된 지갑에서 발견한 첫 번째 단서이다.

'약속을 지키는 사람' 상담실장 김경일(필자의 본명)
〈따뜻한 치과병원 근무 당시 명함〉

사진으로도 헤지고 군데군데 때가 묻어 있는 것이 보인다. 잊고 지냈던 그때의 기억들이 떠올랐다.

전(全) 직원의 브랜드를 만들어 주기 위해 각자의 명함을 제작하면서 본인이 환자에게 전하고 싶은 메시지를 정하기로 했다.

저년차 직원은 본인이 환자에게 해줄 수 있는 것이 그것밖에 없다고 말하며, '미소가 아름다운 ○○○' '웃음을 찾아주는 ○○○'이라고 메시지를 만들었다. '진료를 잘해야지 실수하고 무조건 웃어넘기려고 하면 안 된다.'고 면박을 준 기억이 있다. 반면 중간연차 직원은 전문성을 강조한 메시지를 사용해 명함을 만들었다.

## 상담내용은 지켜져야만 한다!

상담 과정에서 상담실장은 환자에게 여러 가지 약속을 하게 된다. 하루에도 여러 내용의 상담을 하는 경우가 많기 때문에 일일이 메모를 해

두지 않으면, 잊거나 상담내용을 혼동하여 기억하는 경우도 생긴다. 1:1 상담을 받은 환자의 경우는 다르다.

환자는 선택적 듣기의 달인으로 당신에게 유리한 이야기를 기억하고 가끔은 불리한 이야기도 유리하게 기억하고 있는 경우가 많다.

- 지금 환자분이 겪고 있는 문제는 틀림없이 해결되실 겁니다.
- 더 예뻐지실 겁니다./더 좋아지실 겁니다.
- 며칠까지는 끝내실 수 있습니다.
- 안 아프게 치료받으실 겁니다.
- 치료비는 얼마입니다.

병원의 환경적 특성에 따라 세부적인 약속의 내용은 달라질 수 있겠지만, 주로 환자가 병원이 싫고 무섭다고 느끼는 내용인 통증, 치료비용, 긴 치료 기간, 전문성에 대한 의심, 치료 후의 상태나 개선사항에 대한 예측 가능한 결과에 기대감을 담아 상담한다.

상담자가 자기도 모르게 환자의 기대심리를 부풀릴 때가 있다. 있는 그대로를 이야기하더라도 듣는 환자에 따라 다르게 해석하고 다르게 기억하는 일은 자주 발생한다.

하지만, 치료과정 중 모든 일이 상담실장의 기대처럼 이상적으로 이루어지는 것은 아니다. 갑자기 치료내용이 확대되어 추가적인 치료비용이 발생하는 경우도 있고(진료비용에 대한 불만), 염증 상태가 좋아지지 않아 치료 기간이 길어지거나(치료 기간에 대한 불만), 예상했던 치료결과를 얻지 못하는 경우(치료결과에 대한 불만) 등이 발생할 수 있다.

하지만 상담실장이라면 가능한 모든 변수를 예측하여 염두에 두고 상담해야 하고, 환자와의 약속은 가급적 지킬 수 있도록 모든 준비를 해두어야 하며 예측하지 못한 일이 벌어졌을 때의 마땅한 해결책까지 마련해 두어야 한다.

진료비용의 경우 환자의 병원 선택에 중요한 고려사항이다. 분쟁의 소지가 많은 민감한 부분이긴 하지만, 수치로 표현될 수 있는 요소이기 때문에 환자와 합의만 원만하게 이루어지면 오히려 명확하게 결정될 수 있다. 어느 정도는 원장이나 병원 정책에 따라 상담실장이 직접 융통성을 발휘할 수 있는 요소이기도 하다.

반면 치료 기간에 대한 약속은 진료팀과의 긴밀한 협조가 없이는 지켜지기 어렵다. 상담실에서 환자와 마주 앉아 2시간 이상을 환자분의 현재 상태에 공감하고 앞으로 치료방법과 치료 기간 중 주의사항을 잘 지켜주시고 병원 방침에 따라주시면 얼마 후에는 그동안 겪으셨을 불편함은 해소되고, 좀 더 건강한 일상생활을 되찾으실 수 있을 거라고 설득을 이어간다. 이어지는 상담 과정을 거쳐 여러 어려움과 불신을 걷어내고 동의를 얻었지만, 환자의 동의가 무색하게 진료실에서 발생한 어이없는 실수로 상담실장은 거짓말쟁이가 되기도 한다.

약간의 인지장애와 기억력 감소로 상담 중에도 같은 질문을 반복하던 60대 여성 환자가 있었다. 치료내용을 확인하기를 십여 차례 황금 같은 토요일 오전 3시간을 온전히 한 환자의 상담에 할애하고 간단한 진단과 치료준비를 하고 다음 치료예약을 잡아달라고 진료팀에 부탁했다. 잠시 휴식을 취하던 중… 진료팀 직원의 목소리가 들린다.

"실장니임~~~."

유독 길고 친근하게 부르는 목소리 끝에는 무언가 미안한 감정이 뒤따를 것이라는 직감이 온다. "본뜨는데 이것도 딸려 나왔어요." 하며 내민 것은 환자의 구강 안에 있어야 할 브릿지(인공치아)였다.

"환자분 먼저 상담한 내용은 잊으시고요."로 2시간의 마라톤 상담은 다시 계속되었다.

그날은 한 분을 위해 온전하게 집중하는 특별한 하루를 보냈다.

다음으로 환자 개인의 상태와 특수성을 예측하지 못해 돌발 상황이 발생하는 경우이다.

고등학교 동창은 2, 3년을 망설이다 성형수술을 결심했다. 직장 근처 집 근처 또 인터넷에서 유명한 곳을 정해 최소 2, 3곳의 병원을 알아보라는 충고는 뒤로하고 집이랑 가깝다는 이유로 처음 방문한 성형외과에 수술 예약을 했다. 눈과 코를 같이하기로 했는데, 성형외과에서 눈과 코 수술은 가장 많이 하는 수술이라 특별하게 까다로운 절차 없이 빠르게 진행되었다.

문제는 코였다. 평소에도 염증 지수가 높은 친구는 편도선염 등으로 인해 자주 병원을 다녔었는데, 코 수술 후 염증이 생기고 고름까지 흘

러서 도무지 회복될 기미를 보이지 않아 재수술을 해야만 했고, 3차
수술 후에야 코 수술은 마무리가 되었다.
3차 수술 마무리 후 친구와 병원 관계도 마무리됐다. 친구는 다시는
그 병원에 가고 싶지 않다고 했다.

**뻔한 잔소리,** 상담 과정에서는 환자와 꺼내기 어려운 과거 병력이나
알러지 등 치료에 영향을 미칠 수 있는 사항에 대해서도 꼭 확인하고,
꼼꼼하게 메모해 두어야 한다. 무엇보다 환자의 주관적인 판단에 의존
할 수밖에 없는 요소는 통증 해소에 관한 내용이다.

병원 입장에서 자주 행하는 수술이나 시술은 '통상적'으로 또는 일상
적으로 과정이 진행되는 경우가 대부분이다. 주로 많이 하는 치료에 대
해서는 상대적으로 긴장을 덜 하게 된다.

### "병원의 일상적인 경험은 환자의 특별한 경험이 될 수 있다."

다빈도 상병의 경우 질환이나 환자에 대해 개별적인 관심이 약해지기
때문에 사고는 방심한 틈을 타서 발생하게 된다.

통증은 극히 개인적인 경험으로 민감한 부분이다. 모든 검사를 동원
한 결과 적어도 과학적으로나 의료진의 경험상 통증의 원인이 전혀 없
음에도 계속 아프고 불편하다고 호소하는 환자를 관리하다 보면 열에
여덟아홉은 본인이 지불한 비용에 비해 진료서비스 과정에서 느낀 불만
족을 직접 표현하지 못하고 통증을 빌미로 즉 '아프다, 불편하다, 부자연
스럽다, 그래서 돈 못 주겠다.'로 이어지는 경우가 많다. 부주의한 의료

서비스 관리는 고객 불만의 빌미가 된다.

유능한 상담실장이라면 한두 발자국 앞을 예측해서 상담해야 하는 것은 물론이고, 발생 가능한 불만족의 요소를 파악하는 상담이 필요하다.

환자와 원장님과의 관계가 편안하게 이어질 수 있도록, 환자들에게 깨알 같은 원장님과의 신뢰 관계를 돈독하게 만들고. 평상시 직원들과의 유대관계와 자유로운 소통의 채널을 마련해 수시로 직원들의 진료역량을 체크하고 직원들의 역량과 요구에 따라 능력을 개발시키는 일까지 환자가 약속된 서비스를 받을 수 있도록 미리 준비해야 한다.

소소하게 발생하는 불만까지 모두 막을 수 없겠지만, 회복이 불가능한 상황을 예방할 수 있어야 한다. 약속이행에서 생기는 환자와의 신뢰관계는 환자 스스로도 병원과의 약속된 의무(진료비 납부, 정보제공, 지인 소개 등)를 충실하게 이행하게 되는 당연한 결과가 될 수 있다.

### 신뢰방정식

신뢰방정식은 신뢰를 주제로 워크샵을 기획하면서 자료 조사 중 알게 되었다. 이후 신뢰방정식은 주요 강의 주제가 되었다.

당신이 상담의 오리진이 되어야만 하는 이유가 신뢰방정식에 그대로 담겨있다.

이제는 병원상담은 상담실에서 마주 앉아 환자의 치료승낙을 받아내고 환자를 치료 의자에 앉히는 것을 넘어 환자와의 스킨십을 높이고 환자와 병원과의 관여도를 높이는 방법까지 염두에 두는 상담으로 변화하고 있다.

신뢰는 마케팅에서는 브랜드로 또는 고객이 인지하는 기업이나 병원의 이미지로 연관 지어 설명될 수 있다.

상담의 과정도 병원의 신뢰도 향상을 위한 MOT의 일정 구간으로 이해하고 신중하고 세련되게 디자인되어야 한다.

'좋은 병원상담은 무엇일까?'라는 주제로 이야기를 나누었다.

이 책을 읽는 독자도 잠시 생각해 보도록 하자. **정답은 없다.**

김은정 코치는 '환자가 지금은 아니라도, 치료할 시기나 치료할 준비가 됐을 때, '아! 그래도 그때 그 병원이 친절하게 잘 상담해 주었지.'하고 우리 병원을 떠올렸을 때'라고 이야기했다. 고객의 주변에 치료가 필요한 상황이 발생했을 때 우리 병원을 자연스럽게 떠올리는 상담 정도는 되어야, 상담을 예술의 경지로 올려놓은 상담자가 아닐까?

환자가 우리 병원을 다시 떠올릴 때는 내가 그 병원에 계속 일하고 있지 않을 수도 있다. 나의 성과와는 전혀 무관하게 고스란히 후임 실장의 성과가 될지라도, 환자가 시간적, 경제적으로 어떤 여건이 맞지 않아 치료를 미루다가 치료할 시기가 되어 가장 먼저 떠오르는 병원이 되는 영광의 주인공이 당신이 되기를 바란다.

신뢰 = $\dfrac{\text{전문성과 정직함에서 오는 믿음(C)}}{\text{자기 중심성, 이기적 성향(S)}}$

전문성과 정직함에서 오는 믿음(C)
약속과 이행한 경험의 반복 일관성에 의한 예측가능성(B)
감정적인 믿음, 친밀감(I)

〈데이비드 마이스터 《신뢰의 기술》 중에서〉

**의료기관의 신뢰는 전문성을 기본으로 한 꾸준한 약속이행의 친밀한 표현을 실천하는 것**이라고 정의한다.

먼저 약속을 지키지 않는 환자에 대해서도 끝까지 지켜야 하는지에 대한 윤리적 문제는 잠시 미뤄두자.

### 환자를 치료계획에 끌어들여라

'미수금 없는 실장'의 두 번째 법칙은 치료계획에 환자를 개입시키는 법이다. 환자나 환자 보호자와 치료계획에 대해 공범자가 되는 것이다.

상담의 성공을 판단하는 시점을 환자가 치료계획에 동의함을 암묵적으로 합의하고 진단준비를 시작할 때로 잡거나, 첫 결재가 이루어지는 시점으로 잡을 수도 있지만, 진단준비와 첫 결재까지 이끌기 위해서 상담 과정 중에 환자가 의식하지 못하게 치료계획에서 자연스럽게 치료계획에 참여하도록 구두로 합의를 이끌어내는 것이다.

구두 합의 과정이 원활하다면 환자의 치료 동의는 자연스럽게 이루어진다.

상담실장의 역량을 환자와의 상담시간으로 측정하는 경우가 있다. 마케팅을 담당하는 이사님과 인터뷰를 할 기회가 있었다. 치료내용에 따라 다르지만 환자 한 명을 상담하는데 20분 이상을 할애해서는 안 된다는 말씀을 하셨다. 진료수가가 저렴한 만큼 환자의 동의를 이끌어내는데 10분 이상을 할애하면, 무능한 상담이라고 말씀하시는 원장님도 있다. 단위 시간당 생산성이나 병원 내 체어 한 대의 진료 1일 당 환자 수 등 효율성을 생각한다면 머리로는 충분하게 이해할 수 있지만, 진료 서비스는 일용품이 아니라 고부가가치 상품의 생산과정이라고 정의한다면 그 과정까지도 고객과 충분하게 디자인해 가는 과정으로 고객이 충분하게 누릴 수 있도록 해주어야 한다.

예를 들어, 명품백을 구입하려고 매장에 방문했다고 상상하자.

사례 1.
고객님께서 구입하려는 제품이 이 모델이 맞습니까?
- 네.
포장해 드리겠습니다.

사례 2.
고객님께서 구입하려는 제품이 이 모델이 맞습니까?
- 네.
제품에 하자가 없는지 다시 한번 확인해 드리겠습니다. 고객님께서도
직접 확인해 보시겠습니까?
- 네.
제품에 하자가 없는 것을 확인하셨다면 제품보증서를 작성하도록 하겠
습니다.

대부분 고객의 구매 경험에 따라 반응이 달라질 수 있겠지만, 명품가
방을 최초로 구매하는 고객과 고가의 가방만을 소비하는 고객이냐에
따라 반응이 다를 것이다. 진료서비스를 소비하려는 환자도 구매 경험
과 구매예산에 따라 또 구매금액에 대한 기대치에 따라 상담시간은 달
라질 수 있다.

서비스를 디자인하는 과정에서 환자의 긍정적 경험을 이끌 수 있는
방법을 로버트 치알디니의 '설득의 심리학'에 나오는 일관성의 법칙으로
설명할 수 있다.

* 일관성 법칙의 정의

: 일단 어떤 입장을 취하게 되면, 그 결정에 대한 일관성이라는 심리적 압력에 따라, 사람들은 자신의 감정이나 행동들을 결정된 입장으로 정당화하는 방향으로 맞춰나가게 된다는 이론

일관성 지키기 = 긍정적 결과

일관성을 지키는 이유는 공식적인 약속은 일관성의 법칙을 더욱 지킬 수밖에 없게 만들기 때문이다. 일관성의 법칙은 자발적인 개입을 증명할 기록이 있을 경우에 더욱 강화된다.

           – 로버트 차알디니, 《설득의 심리학》, 21세기 북스


* 병원상담에서 일관성의 법칙

: 환자가 처음 'Yes'라고 대답할 수 있도록, 상담을 시작하고 환자 스스로 자신의 'Yes'에 대한 감정이나 행동들의 결정된 입장을 고수할 수 있도록 유도하는 것

  전제: 모든 환자가 원하는 치료는 전문화된 치료를 싸고 빠르고 안 아 프게 받는 것이다.

Step 1. 곧 출국하셔야 하니 출국 시점까지는 치료를 마치셔야겠네요.

Pt: 예.

Step 2. 저희는 수면 치료를 통해 하루에 많은 치료가 가능한 것을 알고 계시죠?

Pt: 예.

Step 3. 그럼 내일이라도 수면 치료 예약을 잡고 치료를 시작하시겠습니까?

Pt: 예.

Step 4. 수면 치료 과정 중에는 몇 가지 주의사항이 있습니다. 동의하시겠습니까?

Pt: 예.

물론 위의 예시는 환자의 내원경로와 치료 경험에 따라 많은 변수가 작용한다. 때로는 순차적으로 진행되지 못하고 복합적으로 발생할 경우의 수가 존재한다.

일관성의 법칙에서 가장 집중해야 하는 사항은 환자에게 가급적 많은 'Yes'를 이끌어내는 것이다.

병원 치료를 받고 치료비를 납부해야 하는 행위는 환자의 가장 기본적인 의무사항이다. 병원 입장에서는 병원을 유지시키는 동력이 되는 당연한 권리이다.

상담 시작단계에서부터 환자에게 'Yes'를 많이 말하게 할수록 환자 스스로 결정한 내용에 대한 입장을 고수하게 되며, 책임감이 강해져, 진료비 완납 시점까지 그 감정이 유지될 확률이 높아지는 것이다. 즉 환자의 긍정적 습관을 형성하는 과정으로 볼 수 있다.

일관적인 상황은 어떻게 만들어가야 할까?

## 일관성의 법칙 실천하기

《사랑받는 병원》에서 언급했듯이 병원의 진료서비스는 컨베이어 시스템에서 생산되는 자동차나 가전제품과 동급으로 취급되어서는 안 된다. 만약 진료서비스제공 과정을 공산품 생산과정에 견주어 설명한다면, 일관성 법칙을 실천하는 과정은 비효율적으로 여겨질 수 있다.

한 명의 상담자가 상담을 하더라도, 상담시간은 환자의 내원경로와 환자의 주요 불편사항 환자의 성향 또 환자의 요구도 진단내용 등에 따라 달라질 수 있다.

'미수금 없는 실장'의 환자가 스스로 상담내용뿐 아니라 병원의 모든 활동에 동의하게 한 비법은 무엇이었을까?

환자에게 질문하라.
'이번 주까지 치료계획 1을 마치셨는데 불편한 점은 없으셨어요?'
'다음 주부터는 치료계획 2를 진행할 차례인데, 괜찮으시겠습니까?'
'치료기간은 1주간이며, 치료비용은 ○○원이 더 지출될 것이라고 설명 들으셨죠?'
'1의 치료를 받을 때 정도의 통증과 불편함이 예상됩니다만, 1 치료 받으실 때 괜찮으셨으니까 이번 치료도 큰 불편 없이 진행되리라 생각합니다.'
'지금 어떠세요? 괜찮으시죠?'

치료과정 중 환자의 욕구와 상태를 파악하여 'Yes'를 하게 될 질문과 설명을 반복하고 최종 선택도 환자 스스로 할 수 있도록 하면, 오히려 재 상담비율이 줄고, 미수금 회수를 위한 시간과 노력이 줄기 때문에 재 진료 비용과 상담실장의 업무 피로도를 줄일 수 있다.

표면적으로는 병원의 치료계획이 환자에 의해 끌려간다고 우려할 수도 있다. 상담내용은 이미 병원이 환자에게 지킬 수 있는 약속만으로 정해져 있기 때문에 병원의 입장과 현실을 넘어서는 내용이 담겨 있지 않다.

대부분의 환자분은 수긍하고 본인이 "Yes" 한 내용이기 때문에 구두로 했더라도 계약으로 여기고 약속을 지킨다.

상담내용을 끝까지 지키고 기억하는 것은 병원이다. 대부분의 환자는 본인에게 필요한 내용만을 기억하고 싶은 만큼만 기억한다.

환자는 본인이 지켜야 할 내용과 병원이 자신에게 해주기로 한 내용만을 선택적 듣기를 통해 기억하게 된다. '몇 월 며칠은 예약이 있으니 시간을 내야겠구나, 얼마를 준비해야 하는구나.' 하는 식으로 말이다.

환자의 인지 과정은 우리가 소비자일 때도 비슷하게 경험한다.

인터넷 쇼핑으로 평소에 갖고 싶은 것을 사려고 할 때 개인정보 활용 동의서까지 꼼꼼하게 끝까지 읽는 경우보다는 결제 버튼 먼저 누르고 보는 행동 패턴과 비슷하다.

'개인정보 활용 동의에 동의하셔야 합니다.' 등 여러 상태 메시지가 뜬다. 내가 사고 싶은 것에 대한 열망으로 대부분은 여러 동의 사항의 약관을 확인하는 절차는 생략하고 반사적으로 동의 버튼을 클릭하고 결제를 한다.

'오늘은 검사하셔야 하니까, 1층에서 수납하시고 3층으로 가세요.'보다는 '검사하는 날에는 1층에서 수납하신 후 3층으로 가셔서 검사를 받으셔야 해서 번거로울 수 있습니다. 검사 예약하시겠습니까?'라고 환자에게 스스로 '예 또는 아니오'를 선택할 수 있게 하고 가급적이면 'Yes'를 이끌어내야 자신의 선택에 대한 책임감을 부여할 수 있다.

병원상담의 내용은 오랫동안 큰 변화 없이 전해져 오고 있다. 치과나 성형외과 피부과 한의원 정형외과 진료과목과 치료내용의 치료재료나 술식이 변할 뿐 기본적으로 사람을 대하는 자세는 유지된다.

그럼 **'상담의 맛'**을 내는 방법은 무엇일까?

병원의 시스템과 구성원이 조금씩 진화와 변화를 반복하면서 같은 재료이지만 다른 맛을 낼 수 있도록 상담을 대하는 상담자의 관점을 살짝 바꾸고 가공하는 것만으로 새로운 '상담의 맛'을 낼 수 있다. 그런 과정을 광고에서 '기획'이라 하고, 글쓰기 과정에서는 '포맷'이라고 한다.

환자가 현재 의학적 문제를 가지고 있는 것은 사실이다. 하지만 그것을 전달하는 사람의 관점에 따라 결과는 달라질 수 있다.

어느 날 세실과 모리스가 예배를 드리러 가는 중이었다.
세실이 랍비에게 물었다.
"선생님, 기도 중에 담배를 피워도 되나요.?
"(정색하며) 형제여, 그건 절대 안 되네. 기도는 신과 나누는 엄숙한 대화인데, 그럴 순 없지."
랍비의 말을 들은 모리스가 다시 여쭤보았다.
"선생님, 담배를 피우면서 기도를 하면 안 되나요?"
"(온화한 미소를 지으며) 형제여, 기도는 때와 장소가 필요 없다네. 담배를 피우는 중에도 기도는 얼마든지 할 수 있는 것이지!"

'커뮤니케이션'에 사용하는 일화다. 주로 프레임을 설명할 때 사용된다. 키워드는 담배와 기도 두 가지로 같았지만, 앞뒤를 바꿈으로 세실과 모리스가 얻은 결과는 달라졌다.

신기하게도 환자와 치료계획을 함께 세우는 과정은 '불만 환자 예방법'에도 놀랄 만큼 효과가 있다.

- 2%~5%의 어려운 환자
- 선택적 듣기와 선택적 기억을 하는 환자
- 그런 이야기는 금시초문일세 환자
- 없던 이야기를 만들어내는 언어술사 환자
- 내 말이 곧 진리요. 우격다짐 환자
- 목소리 큰 놈이 이긴다. 고성방가 환자

전지적 예성시점으로 보았을 때 대한민국 환자는 착한 환자가 더 많고 병원상담은 제품 상담이나 세일즈보다 수월하다고 생각한다. 가끔은 수월하다는 믿음이 흔드는 환자를 대면하게 될 때도 있지만, 일관성의 법칙은 가장 쓰임이 많은 방법이다.

## 일관성의 효과를 높이는 법

**일관성의 법칙은 자발적인 개입을 증명할 기록이 있을 경우에 더욱 강화된다.**

글은 말보다 3배 더 강한 힘을 갖는다고 한다. 대부분의 병원은 동의서와 보증서를 사용한다. 앞으로 동의서와 보증서의 내용은 더 세분화 다양화 구체화 되어갈 것으로 예상된다.

환자 입장에서 동의서는 불리해 보일 수 있다. 특히 치료과정이 복잡할수록 문제가 위급할수록 의료진을 방어하는 내용이 많다.

수술 과정 중에 부작용이 발생할 수 있다, 수술 후 주의사항을 잘 지키지 않으면 치유가 지연될 수 있다는 등의 내용이 주를 이루지만, 그럼에도 불구하고 우리는 구성원 모두의 경험과 지식을 총동원해 환자를 위해 최선을 다할 것이라고 명시한다.

반면에 보증서에는 병원이 환자의 치료내용에 대한 의무를 일정 기간 동안 지키겠다는 내용이 명시되어 있다.

보증기간은 상담자에게 훌륭한 옵션 역할을 해주지만, 진료 과정 설계를 치밀하게 하지 않으면 블랙 컨슈머를 자청하는 환자에게 악용되어 병원에 막대한 비용을 발생시킬 수 있다. 아쉽게도 대부분의 병원 진료수가 책정은 보증내용까지 감안해 정해지고 있지 못한 것이 실정이다. 보증서 내용에는 꼭 병원의 책임과 의무뿐 아니라 환자의 권리와 의무에 대해서도 명시되어야 한다.

**'단, 본 내용은 환자분이 정기검진 기간을 이행하였을 때 효력이 발생됩니다.'**

일반적으로 정기검진이나 주의사항의 이행 항목을 전제조건으로 명시한다. 그렇게 한다고 해도 '못 들었네, 못 봤네, 기억이 나지 않는다.'고 발뺌을 하는 환자가 생기기도 하고, 환자의 성향에 따라 '한번 약속했으면 그만이지.' 이것저것 서명하라고 하니 기분이 상한다고 불편함을 호소하는 환자도 생긴다. 하지만 **큰일은 작은 일에 부주의했을 때 생긴다.** 정말 큰일이 생길 확률은 아주 낮지만, 작은 일을 태만하게 했을 때 감당하기 어려운 큰일로 다가온다.

마지막으로 《병원상담의 모든 것》은 실천서이다. 책을 읽으며 공감이 가는 대목에서는 같이 웃어 주고, 병원이나 상담자 개인에게 사용해 봄직한 내용이 있으면 바로 실천해 보고, 내용 중 부족하거나 궁금한 부분이 있으면 바로 SNS나 이메일을 통해 지체 없이 질문해 주시고 피드백 주기를 기대한다. 그리고 상담자가 '제대로 읽고, 충분하게 생각하고, 자유롭게 말하기'가 될 수 있을 때까지 실행을 통해 현장에 도움이 되는 '상담의 오리진'이 되기를 기대해 본다.

독자에게 쓰임 받는 책을 쓰겠다는 것은 작가의 신뢰방정식이다.

## 읽고 생각하고 자유롭게 말하기

한국보건의료상담협회는 상담자 스스로가 상담의 맛을 낼 수 있는 오리진이 되어 솔직하게 서로의 상담비법에 대해 진료과목을 넘어 토론하고 공유할 수 있는 열린 토론의 장을 만들어가고 있다.

'송년 상담콘서트'를 마무리한 그림이다.

〈출처: SBS스페셜〉

일본의 '기무라 씨의 기적의 사과'를 소개하는 중에 사용된 한 장의 사진을 내공에 관해 이야기할 때 쓰고 있다.

'기적의 사과는 마르기는 해도 썩지 않는다.'

기적의 사과는 사과에 빈번하게 발생하는 '흑성병'을 스스로 치유하는 능력이 있다고 한다. 방송에서는 기적의 사과를 동네 바보가 이뤄낸 기적이라고 표현했다.

그림에서 A의 사과는 크고 반짝거리지만, 비료와 농약의 도움이 없이는 쉽게 병충해를 입기도 하고, 실온에서 1주일 이상 보관하기 어렵게 썩어 버린다. B 사과의 경우 모양이나 색은 보기 좋지 않지만, 병충해를 스스로 이겨낼 뿐 아니라, 실온에 두어도 수분이 증발해서 마르기는 하지만, 썩어서 악취를 유발하지는 않는다.

농약을 사용하지 않기 때문에 농약 알러지가 있는 사람이 먹어도 문제가 없다. '기적의 사과'가 알려지게 된 계기는 기무라 씨의 사과를 이용해 음식을 만든 일본의 유명 레스토랑 주방장이 기적의 사과를 신기하고 귀하게 여겨 사과 이야기를 방송국에 제보하게 되면서 전국적으로 선풍적인 관심을 모았다고 한다. 기무라 씨의 사과농장은 우리나라의 사과농장을 운영하는 농부의 벤치마킹의 명소가 되었다.

사진의 B에서 풍부한 뿌리 쪽의 영양분을 '내공'이라고 표현한다. 내공이 충분하면 어떤 비바람이나 병충해도 능히 이겨낼 수 있는 여유가 생긴다. **직업에서의 여유는 자유가 된다.**

병원에서 진료를 하거나 상담을 해도 꼭 환자나 병원 안이 아니라도 우리는 많은 사람과 관계를 맺고, 예측 불가능한 상황에 직면하게 될 때가 있다.

예측 불가능한 상황에 직면할 때마다, 즉각적인 처방만을 바라고, 의존한다면 내공이 쌓일 틈이 없다. 때문에 의존적인 상황을 벗어나기 어렵다.

내공을 키우는 과정은 쉽지 않다. 기무라 씨도 아내가 농약 알러지로 과수원에서 쓰러지고 이제 농약을 쓰지 않고 사과를 키워보겠다고 결심하고 10년 만에 7개의 사과 꽃이 피고 2개의 사과가 열렸다고 한다. 과거를 회상하며 환하게 웃는다. 2개의 사과를 얻은 10년 동안이 쉽지만은 않았을 것이다.

이 책을 읽는 독자가 어떤 상황에서도 의연한 상담자가 되는 비법은 위 사진 한 장에 그대로 있다고 믿는다.

《병원상담의 모든 것》의 초기 제목은 '발효상담과학'이었다. 한국의 장맛은 발효의 질에 의해 결정된다. 발효되는 과정을 견디지 못하고 썩느냐 발효되느냐 하는 조금은 난해한 이름을 붙이고, 가족과 친구들에게 '제목 정말 멋지지 않냐?'고 물었더니 반응이 싸늘했다.

'김치 냄새가 나는 것 같다.'

'뜻은 좋지만 Old 하다.'

'상담실장이 된장이냐?'

## 제대로 발효되면

평소 '장이 잘 발효가 된다면, 찌개 맛은 당연히 좋을 것'이라는 생각을 가지고 강의를 준비해 왔다. 병원경영전략이나 인사/교육 기획, 상담, 화술 등 그 주제가 어떤 것이 되었든 관심을 가지고 때로는 열린 마음으로 듣기만 해도 본인에게는 좋은 원재료가 되어줄 것이라고 관심이 없는 영역에 대해서도 기회가 있으면 듣고 말하고 읽고 생각할 수 있는 본인의 시간으로 만들어 볼 것을 제안했다.

애플의 창립자 스티브 잡스는 서로 이질적인 것이 하나로 연결되어 새로운 것을 만들어내는 과정을 Connected Dot이라고 말했다.

하지만, 이것저것 집어넣고 저절로 연결되기만을 기다려서는 아무 일도 일어나지 않는다.

장을 담가 항아리에 담아 두고 볕이 좋은 날에는 장 뚜껑을 열고 햇볕을 쬐어주어야 하고, 병충해가 생기지 않도록 살펴주고 닦아주는 과정을 반복하며 정성을 들여야 한다.

> 좋은 재료 + 발효과정= Free Pass 상담법

대학취업캠프에 참여하고 올라오는 길에 고속도로 톨게이트를 통과하며, 떠오른 아이디어에 책의 부제목을 바꾸었다. 상담을 시작하는 또는 더 깊이 있는 상담법을 고민하는 병원종사자들에게 고속도로 'High Pass card'처럼 막힘없는 히든카드가 되었으면 좋겠다는 새로운 기대가 생겼다.

책의 서브 타이틀이 '발효상담'이 아니고 'High Pass 상담'이 되어서 다행이다. 제대로 발효되면 어디서든 통하는 'High Pass 상담'은 자연스러운 결과이다.

《사랑받는 병원 2: 병원상담의 모든 것》 본문에서는 누구나 자유롭게 상담을 표현하는 'Tip Maker'가 될 수 있는 방법과 과정을 꼼꼼하게 설명하고 시작과 끝이 아닌, 시작에서 끝으로 가는 징검다리 역이 되어줄 것이다.

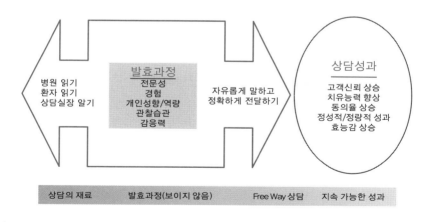

〈High Pass 상담법의 기본 원리〉

어떤 상황 어느 환자에게 든 자신 있게 상담하게 되고 상담동의율을 높이는 것은 읽기(상담의 재료 찾기)와 생각하기(발효과정)를 꾸준하게 실천한 각자의 내공이자 성과이다.

읽기가 그 시작이며 자유롭게 전달하는 것이 결과라면 생각하는 단계는 그 과정이 될 것이다. 독자의 생각이 궁금하다.

지금 상담의 달인이 된 상담자에게는 스스로 돌아보는 시간이 될 것이며, 좋은 결과를 내고는 있지만 내가 잘하고 있는지 무언가 놓치고 있지는 않은지 궁금증이 있는 상담자에게는 본인의 상담패턴을 살펴볼 수 있는 계기가 되며, 이제 상담을 시작하게 되는 초보 상담자에게는 어쩌면 잘 와 닿지 않을 수도 있겠지만 앞서 당부한 것과 같이 내공의 밑거름이 될 것이라 여겨주기 바란다.

**"사람과 환자, 상담에 대해 끊임없이 궁금해하라."**

Part

1

———

병원탐색

사람이 온다는 건
실은 어머어마한 일이다.
그는 그의 과거와 현재와
그리고 그의 미래와
함께 오기 때문이다.
한 사람의 일생이 오기 때문이다.

                   - 정현종, 〈방문객〉 중에서

# 우리 병원 알기

## 지피지기면 백전백승

당신이 일하고 있는 또는 일하게 될, 일하고 싶은 병원을 먼저 알아야 하는 것은 크게 두 가지의 중요성을 가진다. 상담실장은 병원과 환자의 중간지점에서 그 이야기가 시작되기 때문에 환자와의 이야깃거리를 준비하기 위한 가장 기본이 되는 과정이다.

얀 칩체이스는 《관찰의 힘》에서 세계 곳곳에 자사의 물건을 팔고 싶어 하는 기업들이 각국을 직접 가보지 않고 결정하는 것을 이해할 수 없다고 했다. 우리 병원의 현재를 철저하게 알지 못하고 속된 표현으로 '말빨'만으로 환자를 들었다 놨다 하려는 얕은 생각은 버리도록 하자. 신들린 말솜씨로 상대를 사로잡는 사람은 지식의 한계나 본심을 들키면 화를 낸다.

우리 병원이 환자들이 찾기 편한 곳에 위치해 있는지, 우리 병원 주변 사람들은 어떤 병원에서 편안함을 느끼는지 알아야 한다. 얀 칩체이스도 각국에 방문하면 호텔에서 묵을 수도 있지만, 게스트하우스 등 현지 생활을 더 느낄 수 있는 숙소를 선택하고, 시간이 날 때나 보고서를 마무리하는 중에 일이 막힐 때면 자전거를 대여해 주변을 관찰하는 시간을 가진다고 한다.

병원 근처 포장마차에서 떡볶이를 먹으며 유동인구는 얼마나 되는지, 포장마차 사장님은 어느 병원에서 치료를 받는지, 장사는 잘되는지 질문도 해보고, 가까운 곳에 병원이 개원한 것도 알릴 수 있는 좋은 기회가 되기도 한다.

그렇게 우리 병원을 충분하게 탐색을 한 후에는 첫째 과연 우리 병원은 어떤 준비가 되어있는지 점검하는 과정을 거친다.

**"환자는 자신이 가진 문제를 해결하기 위해 시장으로 나와 그 해결책을 사는 사람이다."**

병원의 능력치를 아는 것은 환자에게 우리는 어떤 해결책을 제시할 수 있을까?를 점검하고 준비하는 기본이 되는 과정이기 때문에 가장 먼저 수행해야 하는 과정이다. 서두에서 우리는 환자와의 약속을 지키자고 약속했다.

> '양념갈비 2인분 주세요.'라고 주문을 했을 때 '잠시만요, 양념갈비 되는지 주방에 알아보고요.'라고 주방으로 사라진다.
>
> '자몽 주스 주세요.'라고 했는데, '죄송하지만 자몽이 떨어졌습니다.'라는 대답이 돌아온다.
>
> '지금 그 병원에 찾아가고 있는 중인데요, 헤이리에서 자유로 타고 가는 중인데, 어디로 빠지면 되죠?'

현재 우리 병원이 환자의 문제를 해결해 줄 수 있는 모든 수단과 방법을 아는 것뿐 아니라. 환자가 요청하거나 물어볼 것을 예측하고 우리 병원에서 해결하기 힘든 사항까지 알아야 한다.

그리고 환자와의 약속을 쉽게 지키기 어렵다면, 당당하게 아니라고 말하거나, 상담자가 가지고 있는 모든 정보력을 동원해 환자의 문제를 가장 빠르게 해결할 방법을 제시해 주어야 한다.

'잠시만요. 제가 여기 온 지 얼마 되지 않아서요, 잠시 확인하고 오도록 하겠습니다.'

병원의 사정은 상담을 전담하지 않는 사람에게도 전달이 되어야 한다. 진료 중 체어 사이드에서 간단한 치료 상담이 이루어질 때도 있는데, 그날 예약상황이나 스텝이나 원장의 스케줄에 따라 진료 내용에 변경이나 추가적인 치료가 불가능할 수 있다.

둘째는 병원의 환경적인 요소(하드웨어)는 쉽게 바꿀 수 없다.

병원의 위치나 상호 시설 하드웨어적인 사항 말고도, 병원 인력구성과 진료프로세서 등 병원이 기존에 가지고 있는 고유한 사항과 문화는 상담실장 혼자 결정으로 가볍게 변경할 수 없는 경우가 대부분이다.

변경하기 힘든 제한적인 요소까지 전체를 종합하여 병원이 가지고 있는 장단점을 통합하여 상담실장이 제시할 수 있는 **환자를 위한 최선책을 찾아주어야 한다.**

'우리 병원은 시장통에 있어서, 환자들이 수완이 좋고 드세서 상담하기 힘들어요.'
'진료실 가운데 수관 지나가는 턱이 있어서 불편해요.'
'대기실 바닥이 흰색이라 겨울이 되면, 청소하기 불편해요.'
'원장님 수술시간이 너무 길어서 예약 잡기 어려워요.'
'환자들이 새로운 치료법을 묻는데 뭔지 모르겠어요.'
'원장님 학교를 물어보면 대답하기 곤란해요.'
'우리 병원 수가가 비싸다고 컴플레인하는 환자가 많아요.'
'원장님이 너무 어려 보여서, 환자들이 원장님 나이를 자꾸 물어봐요.'

병원을 방문하거나 상담과 관련된 강의를 하다 보면, 이런 환경적인 사항이 상담에 장애가 된다는 하소연을 듣게 된다.

처음에 막막했다. 'So what? 그럼 그 병원 그만둘래?' 불만이 있을 때마다 회피하고 물러나서는 내공이 쌓일 틈이 없다.

병원의 모든 환경적 요소가 상담자의 편의에 맞게 조성되어 있을 것이라는 기대를 버려라. 기대치를 낮출수록 감사함이 넘치고 만족도가 올라간다. 다만 병원의 한계상황과 어려움은 섬세하게 파악하고 있어야 한다.

우리 병원의 장점뿐 아니라 단점도 파악하고 있어야 갑작스러운 환자의 요구와 공격에 능숙하고 솔직하게 응대할 수 있다. 쉽게 바꾸기 어려운 환경적인 요인에서 발생하는 상담자의 스트레스를 최소화할 수 있다.

우리 병원을 살펴야 하는 두 가지 이유의 공통점은 **환자에게 지키지 못할 약속을 하지 않는 것**이다.

우리 병원의 주요 진료과목은 무엇이고 그중에서 주력 치료법은 무엇이며, 환자에게 추가적으로 전할 수 있는 가치를 살피고, 부족한 점이 있다면 개선해서 상담의 강점으로 만들어가기 위해 우리 병원 바로 알기는 가장 먼저 시작해야 한다.

## | 원장님 우리 원장님

원장님을 아는 것만으로도 우리 병원을 90% 이상 안다고 해도 과언이 아니다.

병원의 위치를 결정한 것도 원장님, 며칠 밤을 고민해가며 병원의 이름을 최종적으로 결정한 것도 원장님, 디자이너의 여러 시안 중 병원의 로고를 결정한 것도 원장님, 무엇보다 의료서비스의 질을 결정하는 의료상품의 양과 질을 결정하는 가장 중심적인 역할을 하는 것도 원장님이다.

특히 단일진료과목을 진료하는 병원·의원의 경우 소유와 경영이 같이 이루어지기 때문에 개원 이후에 병원의 운영 방향도 원장님의 리더십 스타일에 따라 좌우되기 쉽다.

뒤에 언급될 '옵션으로 동의율 높이기'에서 상담에 필요한 옵션을 만들기 위해서 가장 큰 도움과 지원을 받게 될 한 사람이 원장님이 될 것이기 때문에 원장님을 바로 알고 좋아하지 않으면 상담 과정이 매끄럽게 이루어지지 않을 뿐 아니라 병원 생활 자체가 무의미하고 팍팍하게만 느껴질 수 있다.

오랫동안 함께 일할 원장님을 만나는 것은 좋은 배우자를 만나는 것만큼 어렵지만, 상담자의 이상형을 그려보는 것도 좋은 방법이다.

스스로 일을 만들어가고 병원 일에 적극적으로 개입하는 것이 좋은 성향이라면 자유방임형 원장님과 잘 맞는다. 하지만 언제나 원장님의 고유영역에 대한 명확한 구분이 필요하다는 것을 명심하자.

　신입직원 채용과 오리엔테이션 과정을 준비하면서 평소 알고 지내던 원장님께 원장님들이 함께 일하고 싶은 직원이나 실장은 어떤 사람인지에 대해 질문한 적이 있다. 실제로 원장님들 간의 사적인 자리에서는 직원에 관한 이야기가 자주 이야기의 주제가 된다고 한다.
　상담실장의 경우 환자 매니지는 물론 병원과 직원까지 아우를 수 있는 넓은 시야를 가진 실장이었으면 좋겠지만, 그 실장이 월권을 한다면 글쎄? 별로라는 평가를 내린다고 한다.
　실장 이하 직원들에게는 무엇이든 개별적인 배움의 기회를 제공해 주어야 하는데, 나이 차이가 많을 뿐 아니라 서로 업무 영역과 경험의 영역이 너무 달라서 무엇을 어떻게 해주어야 할지 어렵고, 중간연차의 경우 이제 조금 손발 맞춰 일할 만하니까 병원 간 복지혜택 등을 비교하며 호시탐탐 이직할 기회만 엿보는 것 같아 어렵고, 고년차의 경우 원장님 간 진료스타일을 비교하는 것 같아 어렵다고 쉬운 것은 없는 것 같다며 하소연하셨다.

　취업설명회나 신입직원 오리엔테이션에서 완벽한 직장을 찾는 후배들에게 하는 이야기가 있다. 누구나 준수한 외모에 집안 좋고 유머 감각 있고 몸매 좋고 직업 안정적이고 나만 바라보는 사람을 만나고 싶다. 하지만 그런 사람이 있다? 없다? 없다. 있더라도 벌써 남의 사람이 되어있다. 실제로 괜찮은 배우자 곁에는 훌륭한 내조자가 있다.
　직장도 일을 조금 하고 월급 많이 주고 몸과 마음이 편한 직장은 없다. 있더라도 그곳에 직원들이 나오지 않기 때문에 그 병원에 들어가기는 쉽지 않다.

## 원장님을 사랑하라

《사랑받는 병원》에서는 환자를 사랑해야만 관심을 표현하고 칭찬과 배려를 할 수 있다고 말했다. 하지만 이제 원장님을 사랑해야 환자를 제대로 사랑할 기회를 가질 수 있다고 이야기할 것이다.

환자의 요구를 파악하고 제대로 된 상담을 해서 환자와 병원 모두에게 도움이 되는 상담실장이 되겠다고 마음을 굳게 먹어도 원장님의 허락 없이는 어렵다.

서로 너무 사랑해서 영원한 사랑을 맹세했지만, 집안의 반대로 비극적인 결말을 맞이해야 했던 '로미오와 줄리엣'처럼 원장님의 적극적인 협조가 이루어지지 않아서는 완전한 상담 과정은 여러 가지 장애물을 이겨내야 하는 힘든 과정이 되고 환자와 약속을 어쩔 수 없이 지키지 못하는 상황이 자주 발생한다.

임상에 있으면서 가장 늦게 깨달은 지혜가 원장님을 사랑하는 법이다. 처음에는 환자를 사랑하는 법을 알고 환자를 사랑하는 가장 기본적인 표현방식이 진료를 잘하는 것 즉 전문성을 키우는 것이 먼저라는 것을 깨달은 후에는 진료가 자연스럽게 늘었고, 환자들에게 고맙다는 인사도 곧 잘 받고는 했는데, 병원이 커지면서 혼자서 모든 환자를 돌아볼 수가 없어서 **직원들이 나만큼 환자를 사랑하게 만들어야** 하는 사명이 생기며 직원들을 사랑하게 되는 데까지는 오래 걸리지 않았다. 이제는 환자와 직원들과 병원의 희로애락을 같이하려 하고 돌아보니 원장님의 도움이 필요했다.

그래서 직원들 편들어주기 시작하면서 익숙해진 원장님 뒷담화 분위기에서는 자연스럽게 자리를 피했다. 직장인들의 편한 회식자리에서 주요 소재인 남 얘기 맘껏 할 수 있도록 자리를 피해주고 '회식비 지원만 하고 멋있게 나온다.'까지가 실장의 시나리오이다.

## 병원과 환자를 위한 일이라도

- 상담할 때 사용하려고 파워포인트를 이용해 환자 상담자료를 실장이 스스로 만드는 일
- 치료 보증내용을 표로 정리해서 환자가 알아보기 쉽게 만드는 일
- 형편이 어려운 환자를 위해 병원 규정 외에 약간의 비용 배려를 더하는 일
- 환자 상담에 대한 업무 확장을 원하는 직원에게 비교적 간단한 환자 상담과 매니지를 맡기는 일

병원을 위한 일을 하면 원장님께 칭찬받을 줄 알았다. 나중에 원장님과 이야기하며 알았는데, 알아서 잘한 행동도 때로는 원장님을 외롭게 만드는 일이었다는 것을 깨달았다.

아무리 사소한 일이라도 원장님과 상의하고 협의하여 동의를 얻은 후하는 것이 '일의 순서'이다.

원장님이 평소에 과묵한 스타일이고, 진료하랴 바쁘고 힘들어 보여한 박자 늦어지더라도 틈틈이 원장님과 대화할 수 있는 시간을 만들고 상담프로세서 과정을 원장님과 함께하는 것이다.

## 화성에서 온 남자 금성에서 온 여자

남자와 여자는 서로 화성과 금성에서 와서 지구에서 만났기 때문에 서로 달라도 너무 다르다. 다른 언어를 사용하고 사고과정이 다르다는 관계에서 어긋나는 남녀 사이를 사례를 통해 흥미롭게 전개해 세계적인 스테디셀러가 된 존 그레이의 작품이다.

병원을 직접 소유하고 경영하는 원장과 주인의식이 투철한 직원이라고 해도 그 차이는 화성에서 온 남자와 금성에서 온 여자만큼이나 거리가 멀다. 필자도 '한국보건의료상담협회'를 운영하면서 중간관리자로만 일해 봤을 때보다 경영자일 때에야 원장님 입장을 더 많이 이해할 수 있게 되었다. 이해가 시작되었다면, 원장님과 대화의 물꼬를 트는 일은 원장님의 성별 연령대 성향과 유형에 따라 조심스럽게 시작해야 하거나 완전히 포기해야 하고 무조건 맞춰야 할 때도 있다.

### 결과 먼저? 과정 먼저?

문제) 상담용 프로그램을 새로 도입하는 것이 필요하다.

관찰내용: 최근 성형과 미용 치료에 관해 중년층의 관심이 높아지면서, 중년층의 상담문의가 많고 실제로 내원경로나 연령대를 분석해 본 결과 중년층의 블로그 검색과 SNS 활용이 늘어나고 있다. 중년층의 스마트폰을 활용한 상담에 관심과 호기심이 일고 반응이 높아지고 있다.

성격이 다소 급하고 외향적인 원장님에게는 결과부터 이야기하는 것이 동의를 구하는 데 좋다.

'원장님 상담프로그램을 활용해 상담 과정에서 활용해 보는 것이 어떨까요?' 하는 식으로 접근하는 것이다.

'상담프로그램? 그게 뭐죠? 왜 필요하죠?'

'네에, 원장님 최근에 성형/미용 치료에 관심을 가지는 중년층의 상담 예약이 늘고 있는데…'로 이야기를 이어가는 것이다.

내향적이며 차분하고 더 섬세한 원장님에게는 반대로 관찰내용부터 이야기하고 열린 질문으로 이야기를 만들어간다.

'원장님, 요즘 특히 중년층의 성형/미용 치료에 대한 상담 예약이 늘고 있습니다.'

'오! 그래요, 그렇지 않아도 요즘 진료실에 중년층이 늘었네요.'

'네에, 원장님 내원뿐 아니라 전화상담도 많습니다. 상담 매뉴얼이나 진료프로세서도 좀 더 준비를 하는 과정이 필요할 것 같은데요?'

'아! 그래요?' 하고 이야기를 이어가는 것이다.


슬프게도 이야기가 위 두 가지 사례처럼 자연스럽게 딱 떨어지는 것은 아니다.

많은 경우에 '그래서요?' '그게 꼭 필요한가요?' '그렇게까지 해야 하나요?' '또 뭐죠?'라는 부정적인 대답이 돌아와 상처를 받거나 말문이 막히는 경우도 종종 있지만, 원장님과의 신뢰 관계가 확실하다면 상처받거나 지지치 말고 계속 두드려야 한다.

'의견을 내면 뭐해요. 받아들여지지도 않는데.'

'회의 때는 아이디어 없다고 구박하고, 막상 이야기하면 듣지도 않잖아요.'

'맞아요. 안 들어요.'

'내 의견은 쓰레기인가요?'

아니요. 의견은 잘못 없어요. 다만 소통에 장애가 있죠.

10가지 20가지 의견 중에서 하나 또는 두 가지는 변할 수 있다는 신념으로 병원의 상담 과정을 편리하고 유리한 환경으로 만들어가는 노력을 계속한다.

## 우리 병원은 자랑할 게 없어요

상담 과정이 성립하려면 환자는 해결하고 싶은 불편과 질환을 가지고 있고 병원은 환자의 불편을 해결해 줄 수 있는 해결책을 가지고 있어야 한다. 다양한 방법으로 해결책이 제시된다. 병원의 전문성을 강조해 치료결과에 대해 기대감을 높이고 치료방법과 기간, 결과 기대감에 상응하는 치료비용과 치료 후 관리체계까지 모든 것을 감안해 자신의 문제를 믿고 맡겨도 될 것 같다고 환자가 신뢰감을 느껴 환자와 병원이 서로 합의를 하면 치료가 시작된다.

하지만, 요즘은 환자의 선택과 결정에 미치는 요소가 다양해졌다. 병원 선택의 최종 관문으로 검색을 한다. 과정은 많아지고, 환자가 선택할 수 있는 해결책은 다양해서 병원으로 유입하는 환자의 경로가 다양할수록 상담할 때 고려해야 할 사항들이 하나씩 늘어난다. 환자가 우리 병원에서 치료하기로 하지 않은 이유가 단지 치료비가 예상과 달라서거나 상담자의 태도가 아니라 어느 한 가지 요소가 결정적일 것이라고 확언하기 힘들기 때문에 예비상담자들을 대상으로 한 강의에서 가장 먼저 하는 작업이 우리 병원의 장단점 찾기와 상담자로서의 나의 장단점 찾기이다.

완벽한 사람과 연애하는 사람은 드물거나, 적어도 내 주변에는 없는 것 같다. 어떻게 사랑에 빠졌어요. '웃는 모습이 너무 예뻐서요.' '성실해 보여서요.' '키가 커서요.' 어느 한 가지에 꽂혀서 만나게 되었다고 한다. 소위 콩깍지가 벗겨지고 나면 도대체 내가 이 사람을 왜 좋아했는지 모르고 계속 만나고 있다.

이와 비슷하게 소위 맛집이라고 해서 멀리 찾아가 줄을 서서 먹은 음식이 입맛에 맞는 적도 있지만, 앞으로는 다시는 찾고 싶지 않거나, '나 같으면 이런 음식 공짜로 줘도 먹지 않을 것 같다.'라고 생각한 적도 있다. 대중적인 입맛은 잡았지만 내 입맛에는 맞지 않는다. 이성이 좋고, 음식점을 찾는 이유는 완벽해서가 아니라 나와 맞아서 즉 꽂혀서가 더 많다.

환자들도 마찬가지다. 병원 홈페이지에서 전화응대 리셉션리스트의 외모, 원장님의 스타일, 진료시간 단축, 치료비의 적절성 등 병원 MOT를 전체적으로 따져보고 평균점수 이상을 하는 병원을 선택하거나 MOT가 완벽한 병원을 선택하는 것이 아니다.

환자가 병원을 고르는 데 중요하게 생각하는 요소는 환자 개개인이 병원에 대해 중요하게 생각하는 몇 가지가 충족되면(소위 입맛에 맞으면), 다른 요소가 조금 부족하더라도 꽂혀서 찾게 된다.

한마디로 환자에게 우리 병원의 매력 포인트를 어필해 콩깍지를 씌우려면 우리 병원의 강점과 약점을 모두 파악하고 있어야 한다. 무조건 '병원에 자랑할 만한 게 없어요.'라고 끝내버리지 말고 **찾고 만들고 활용**해 보도록 하자.


방송에서 떡볶이로 대박을 난 가게를 찾아가 사장님께 대박 비밀을 물었더니 처음에는 말씀이 없으시다가 나중에 무슨 가루를 보여주신다. '표고버섯가루'이다. 표고버섯가루를 사용한 배경은 이렇다.


많은 실패 후 절망 끝에 문을 연 분식점은 초기에는 장사가 잘되지 않았다. 여러 방법으로 떡볶이를 만들어보다가 대한민국 사람이면 다 좋아하는 농심의 신라면을 연구해 보았다고 한다. 건더기 수프를 하나하나 관찰한 결과 말린 표고버섯이 있는 것을 보고 그때부터 표고가루를 사용해 대박이 났다고 한다.

우리 병원의 매력포인트를 만드는 일은 때로는 우연처럼 갑자기 찾아오기도 한다. 우리 병원의 자랑거리를 만들겠다는 신념과 노력을 멈추지만 않는다면 말이다.

- 다니던 병원이 있었는데 이 병원 원장님이 워낙 자상해서 여기서 하기로 했어요.
- 다른 직원들이 퉁명스럽게 설명해서 마음이 상했는데, 실장 얼굴 봐서 여기서 하는 거야.
- 전화해서 물어만 보려고 했는데, 워낙 맛깔나게 설명을 해서 오게 됐네, 대단한 실장이야.
- 화장실이 깨끗해서 병원 다른 곳도 관리가 잘 될 것 같아 믿음이 갔어요.
- 직장 다녀서 병원 다닐 시간 내기 어려운데 야간진료가 있어서 너무 좋아요.

대부분의 환자는 과묵하지만, 자신의 감정을 솔직하게 표현하는 환자들이 늘고 있다. 센스가 있다면 알 수 있는 것처럼 환자들이 꽂히는 어쩌면 당연하고 소소한 일상에 장점이 있다.

혹은 지금 우리 병원을 찾는 환자들이 공통적으로 꼽는 우리 병원의 장점 즉 매력 포인트가 있다. 가까워서든 진료비 부담이 적어서든지 다양한 질환을 한꺼번에 진료받을 수 있다거나 전문성이 있어서 믿음이 간다거나 우리 병원을 찾는 환자들이 꼽는 우리 병원의 장점을 찾아서 상담 과정에 환자들의 입을 빌려 환자에게 어필해 보자. '저희 환자분들은 우리 병원을 ○○○해서 좋아하세요.'라고 환자의 입을 통해서 환자에게 전하는 것이다. 이런 마케팅 기법으로 홈페이지에 올리는 진료 후기나 카페/블로그를 활용하는 리얼 후기 등을 들 수 있다. 그 원리를 상담 기법에 활용하는 것이다. 요즘은 리뷰 맛집이 대세다.

병원의 장점을 찾아보라고 하면, 눈에 띄는 특별한 것을 찾으려 애를 쓴다. 병원의 규모와는 상관없이 모든 MOT를 개발하고 신경 쓸 수는 있지만, 처음부터 완벽해지리라는 욕심은 버리자. 가능하면 MOT를 더 많이 세분화해서 깨알 같은 자랑을 만들어보자.

전문성을 키우다 보면 친밀감은 소홀해지기 쉽고, 모든 환자에게 진료 혜택을 주기 위해서는 환자 한분 한분에게 할애할 시간과 인력 등 자원은 항상 부족하다.

장점과 단점을 아는 것은 장점을 부각시키고 단점을 보완하며, 환자의 요구에 당황하지 않고 대응할 수 있는 의연함을 키우기 위해 필요한 것이다. 마치 어깨가 좁은 남자가 어깨 근육을 키워 어깨를 넓어 보이게 하고, 키가 작은 남자가 키 높이 신발창을 사용하는 수준으로 생각해야지, 키 자체를 늘릴 수는 없다. 가끔은 병원을 심하게 걱정하고 병원의 단점에 스스로 빠져서 고민하다가 결국 지쳐서 병원을 떠나는 경우를 보게 될 때도 있다.

김위찬의 《블루오션 전략》을 보면 이제 모든 분야에서 완전히 새로울 것이 없다고 한다. 그래서 새로운 것을 만들기보다는 한 포인트를 부각시키는 것이다. 예를 들어 넌버벌 퍼포먼스 공연처럼 대사 없이 콘서트와 연극 사이에서 비트와 퍼포먼스로 관객의 시선과 감정을 사로잡는 것이다. 또는 동물원의 규모나 동물의 종류를 많이 하는 것은 초기 비용과 유지비용이 커져 경영상의 어려움을 초래할 수 있다. 그래서 최근에는 동물을 직접 만져보고 체험할 수 있는 시스템으로 운영하는 체험 중심의 동물원이 인기가 있다.

## | 4P 요소로 본 우리 병원의 강점과 약점

변화용이

| 차별영역 | | | |
|---|---|---|---|
| 유지영역 | | | |
| | | 암묵지 | |
| 위험영역 | | | |

| Place | Price | Product | Promotion |
|---|---|---|---|
| 건물의 위치, 주변 상권, 주차장 입구의 위치, 청결, 편의시설, 간판의 위치/개수/크기 | 진료수가 할인율 환자 구분 | 진료전문성, 진료범위, 진료시간, 진료의 숙련도, 스텝의 숙련도, 진료프로세서, 원내커뮤니케이션, 진료서비스, 환자의 만족도 | 병원이름, 블로그, 홈페이지, 광고, 리글프로드글/인테리어, 유니폼의 색/청결도, 원장의 상담/친절도, 직원의 조직이해도, 직원의 환자상담/친절도, 평균근속 연수, 봉사활동, 판촉물의 비치/활동 |

〈병원 4P 자가 진단표〉

자가 진단표 활용법은 병원 구성원 모두가 모여서 병원의 현재상태를 병원구성원의 주관적인 생각으로 판단해 보는 것이다.

장소 Place/진료수가 Price/진료서비스 Process/마케팅 활동 Promotion 등을 경쟁상황에 대한 사전정보를 가지고 함께 고민해보면 좋지만 그렇지 않더라도, 직원 서로가 느끼거나 알고 있는 사항을 종합해 위험영역/유지영역/차별영역으로 구분해 표시해 보는 것이다.

암묵지는 위험영역의 요소를 유지영역이나 차별영역으로 끌어올릴지 아니면 다른 요소를 차별화하기 위해 우리 병원에서 약점요소로 인정해 버리고 과감하게 정리하게 되는 선택의 영역이 된다.

예를 들어 병원의 위치가 강남대로의 지하철역 입구와 인접해 있다면, 유지영역은 되지만, 그것만으로 차별화 영역으로 볼 수는 없다. 강남역 인근은 같은 건물 안에 동종진료과목을 진료하는 병원이 여러 개

있는 경우가 있어서 환자 접근성은 좋지만 차별화까지는 아니다.

발렛파킹 등으로 차별화를 꾀하기도 하지만, 발렛파킹은 일반 병의원 급에서 도입해 볼 만한 차별화 영역은 아니다. 또 유형화된 차별화 영역은 쉽게 모방되어서 유행이 지나면 금방 후발 업체에 의해 따라 잡히기도 한다. 병원 4P 진단은 6~12개월마다 반복해 보고, 꾸준하게 차별화 영역에 남아 있다면 좋겠지만, 우리 병원이 독점하고 있는 것이 아니라면 거의 불가능하기 때문에 꾸준하게 개선되고 개발되어야 한다.

'이지함'피부과의 함익병 피부과 의사가 TV에 나와 우리나라에서 레이저를 처음 치료목적이 아닌 미용개념의 피부과를 오픈하고서는 일요일도 없이 일해야 했고 돈도 많이 벌었다고 털어놓았다.

당시 '이지함'피부과의 상담실장은 어땠을까? 레이저로 점 **빼는** 것에 대한 안전성과 예약 대기기간과 치료비용만을 이야기해 주면 환자는 기다려서라도 시술을 받고 가겠다고 하지 않았을까? 병원에 이런 차별화 요소가 있다면, 상담실장의 업무 강도는 줄어든다.

하지만 지금은 어떤가? 이제는 레이저를 갖추고 있는 병원이라면 경쟁적으로 점을 뺀다. 쉽게 시술이 가능하기 때문에 가격경쟁이 심해져서 점 하나에 얼마가 아니라 얼굴 전체 얼마 하는 식으로 유지영역이 되었다. 후발 업체의 경우 비싼 투자비에 비해 시술 기회가 적어 위험 영역과 암묵지로 바뀌어서 개원 초기 암묵지를 벗어나지 못하는 경우가 있다.

도심권 병원을 중심으로 비보험 항목에 대해 파격적으로 수가를 책정해 가격정책을 프로모션을 사용해 인기를 끌었다. 그런데 사스, 메르스, 코로나19의 유행으로 환자의 병원 선택요인이 바뀌었다. 대기하는 사람이 많고 진료비가 상대적으로 낮은 병원을 가기보다는 안전한 병원을 선택하게 되면서 실제로 눈에 보이지는 않지만 평소 '감염관리'와 예약관리를 처절하게 준수한 병원은 팬데믹에도 진료부도 등 경영상에 피해가 적었다.

안에서 밖을 바라보는 안목도 필요하지만, 밖에서 안을 들여다보는 안목도 필요하다.

그래서 진료수가/진료서비스체계와 진료서비스수준 등 4P 요소 전체를 관리하고 철저하게 주관적인 항목들을 평가해 현재 상황을 파악한 후 유지와 차별화 요소를 발굴하고 상담할 때 유지영역과 차별화영역은 부각시키고, 위험영역은 덮으려고 하기보다는 솔직하게 부족하다고 인정하는 용기가 필요하다.

> 요즘 임플란트 가격이 많이 내렸는데 여기는 왜 이렇게 비싸요? 다른 데는 여기 반 가격이면 되는데, 뭐가 특별해서 이렇게 비싼 거죠?
>
> ⋯▸ 네 환자분 환자분에게만 특별하게 잘해드리도록 하겠습니다. 저희 병원의 임플란트 가격은 다른 곳보다 좀 높습니다. 그렇지만, 저희 병원은 ⋯⋯⋯합니다. ○○님 몸을 치료하는 일인데 저렴하다는 이유만으로 믿고 치료받으실 수 있으시겠습니까? (일관성의 원칙 적용)

우리 병원의 강점과 약점을 파악해 일관된 상담을 하자. 일관성은 신뢰를 높이는 원칙이다.

상담을 경험하거나, 빈약한 상담을 들을 기회가 있을 때 안타까운 것은 40분에서 한 시간 상담받는 동안 정해진 매뉴얼만 무한 반복하는 모습이었다. 개별적 배려가 전혀 없는 상담에 지쳐갔다.

상담에는 실망했지만 해당 안과에서 치료를 받았다. 그 이유는 무엇이었을까?

직원의 가족이 근무하는 병원이었기 때문이다. 환자 탐색에서 내원경로에 대해 더 자세하게 이야기하겠지만, 상담에 영향을 미치는 요인은 다양하다. 지나치게 장점에만 의존한 상담은 단조로움과 방향성 없는 환자의 질문공격에 무방비상태로 역습을 당할 수 있다. 다시 한번 강조하지만, 제대로 된 상담을 하길 원한다면 우리 병원의 구석구석을 파악해라.

병원의 장소는 대부분 정해져 있다. 비대면이 일상화된 요즘 온라인 채널로 진료할 수 있게 되었다. 처방이나 상담이 외에 직접적인 치료가 필요한 경우 일반적인 병원 환경에서 장소는 고정되어 있다.

장소는 변화하기 어려운 항목이기 때문에 이번에는 가격/진료서비스/마케팅 활동에서 상담실장이 상담의 도구로 활용 가능하고 강점으로 만들어갈 수 있는 방법을 찾아보도록 한다.

## | 우리 병원의 무기

'자신만의 상담 무기는 무엇인가요?' 강의 중 환자에게 어필할 수 있는 병원의 무기를 생각해 보기로 한다.

- 저희 원장님은 환자들이 인정할 만한 명문대 출신이 아니에요.
- 병원 인테리어라고 할 것도 없이 개원할 때 그대로라서 아는 사람이 치료하러 온다고 해도 좀 부끄러운 수준입니다.
- 저희 실장님은 잘하기보다는 했던 대로 하자고 자꾸 그러십니다.

- 스마트 시대에 첨단 장비 하나 없이 상담하는 것이 어려워요.
- 진료비 배려는 절대 안 된다고 하시고, 환자는 무조건 잡으라고 하시니 상담할 때 무엇으로 어필해야 할지 모르겠어요.

## 병원에 주차장이 있나요?
### (장소/유통: Place)

전화응대를 하다 보면 환자들이 주로 하는 질문이다. 장소 또는 입지는 '원장님'이 개원을 준비하면서 가장 고민하는 요소 중 하나이다.

- 강남은 유동인구가 많고 2호선, 9호선 분당선까지 생겨서 교통편도 편하지만, 임대료가 너무 비싸고, 이미 성형외과 안과 치과가 너무 많지?
- 아직 아이가 어린데, 집과 너무 거리가 멀면 병원생활과 가정생활 모두에 충실하기 힘들 텐데.
- 요즘 신도시 개발이 활발해서 초기 비용이 적게 드는 신도시로 가볼까? 신도시에서 자리 잡으려면 3~5년은 걸릴 텐데?
- 아파트 세대가 800세대는 되니까 고정고객은 확보되겠지?

강남역 주요 출구와 바로 연결된 곳에 위치한 병원에서 일하는 것은 상담 과정에서 큰 장점이 된다.

한동안 이명으로 고생한 적이 있었다. 귀에 계속 소리가 나서 서로 다른 소리를 구분하지 못하는 괴로운 증상이다. 이명 치료로 유명하다는 이비인후과를 찾아가려고 전화했더니 '2호선을 이용하시나요? 4호선을 이용하시나요?'로 시작된 길 안내가 목소리만으로 머릿속에 그려지지 않아 찾아가는 것을 포기해야 할까를 잠시 고민했었다.

병원 ARS 안내 시스템을 설계할 때는 상담센터직원에게 병원안내전화에 어떻게 안내하는지 설명해볼 것을 요청했다. 한참을 설명한 후 '지금 하신 멘트가 전화기에서 자동으로 나온다면, 찾아오실 수 있으시겠어요?'

'아니요.'

'그럼 길 안내 멘트는 빼는 것이 어떨까요?'

### ❖ 장소의 한계 어떻게 극복할까?

일단 설명하기 쉽고, 환자가 찾기 편한 곳에 병원이 있다면 원장님께 감사하자.

우리 병원이 지하철 입구에 위치하고 있지 않다고 해서, 또는 건물 9층이나 10층에 위치하고 있거나, 주차장이 작아서 기계식으로 운영되고 있다고 해서 포기하고 상담을 멈출 수는 없다.

비교적 간단하게 해결하는 방법은 '길 안내 SMS'를 보내는 것이다. 이 방법은 환자와 통화를 했거나, 환자의 요청이 있을 시 병원의 위치가 담긴 SMS를 전송하는 서비스이다. 다행인 것은 한번 세팅해 두면 병원을 이전하기 전까지 계속 사용할 수 있다.

필자가 수술받았던 안과가 이전을 했다. 원래 위치했던 곳에서 멀지는 않았지만, 친절하게 안내 메시지와 위치를 알려주는 'SMS'가 왔다. 정기검진을 위해 병원에 방문하려는데 방향감각이 부족한 '길치'라서 큰 효과를 보지 못했다. 그래도 병원이 환자들을 위해 이렇게 노력하고 있구나 하고 생각했다.

하지만 장소적 한계를 극복하는 환자 서비스로 효과적인 방법인 '길 안내' SMS의 가장 큰 단점은 발송비용이다. 요즘은 SNS의 발달로 다양한 방법으로 환자에게 문자 발송을 무료나 저렴한 방법으로 할 수 있지만, '길 안내 문자 알림'은 MMS로 전송할 때 300~400원의 비용이 들고 메시지의 크기에 따라 더 비싸기도 하다.

안과에 두 번째 예약 전화를 했더니 길 안내 메시지가 필요한지 물어보았다. 반복적으로 보내서 피로감이 쌓인다는 민원을 접수했거나. 비용 절감 차원이었을지 알 수는 없지만 '위치는 알고 있다.'고 답했다.

일단, 자가로 오거나 버스 지하철 등 병원에 쉽게 접근할 수 있는 노선을 철저하게 조사해 편리한 동선을 파악해 두어야 한다. 병원 안내는 상담실장이 직접 담당하지는 않는 경우가 있더라도 알아 둔다. 코디네이터의 업무를 체크하는 일은 상담실장이 맡아야 한다.

코디네이터의 경험을 예로 들어 본인이 버스를 이용하거나, 자동차를 이용하는 경우에는 본인이 이용하는 방법밖에는 잘 알지 못하는 경우가 많이 있다.

버스를 이용하는 직원은 우리 병원 주차장 사정이 어떤지 유료인지 무료인지 잘 모르고, 자동차를 이용해 출퇴근하는 직원은 버스를 타면 어떤 정거장에서 내려 어떻게 걸어와야 하는지 잘 모른다. 길 안내 멘트를 총정리하여 직원들이 숙지할 수 있도록 매뉴얼화 시켜라.

장소적 한계를 극복하는 가장 좋은 방법은 전문성으로 소문이 나는 것이다.

허리에 문제가 생겨 한의원을 소개받았다. 봉천역에 내려서요, 뒷골목으로 나가 2번 마을버스를 타고 아파트 입구에 내려서 경사가 큰 언덕을 바라보고 올라가시면 오른쪽에 있어요. 도착하기 전까지 의심과 불만이 가득했다. 안에 들어서자 앉아서 치료를 받고 있고, 치료를 기다리는 환자들로 가득했다. 전문성과 꾸준한 시간이 만들어 낸 진풍경이었다.

코디네이터가 알고 있는 것을 상담자도 알고 있어야 하고, 오히려 환자에게 역제안을 할 수 있다. '저희 병원은 자가용보다는 지하철을 이용하시는 것이 더 편리하십니다.' 이렇게 하는 것이다. 그러면 환자가 '아 그래요? 오늘은 병원에 들렀다가 다른 곳에 가야 해서요.' '아~ 그러시구나. 저희 주차장은….' 이런 식으로 설명을 자세하게 하는 것이다.

그렇게 찾아주신 환자에게 꼭 해야 할 것은 '주차권을 챙겨주는 센스이다.' 환자가 스스로 챙기기 전에 알고 있는 사실이었다면, 먼저 챙기는 것이다. 장기 내원이 필요한 환자의 차번호를 전자챠트에 기록해 두었다가 여러 번 물어보는 수고를 덜자.

장소적 한계를 극복하는 방법 중 가장 중요한 것은 'Mind Set' 즉 마음가짐이다. 병원의 위치는 한번 정해지면 이전을 해야만 바꿀 수 있는 중요 결정항목이다. 앞에서 잠깐 살펴본 것처럼 바꿀 수도 없는 것을 가지고 불평하며 시간과 에너지를 낭비하지 않는다.

- 병원 입구가 너무 좁아요.
- 주차장이 없어요.
- 환자가 찾다가 돌아갔어요.
- 병원이 외져서 환자는 없고 파리만 날려요.

이렇게 불평만 늘어놓으며, 징징거리기 전에 상황을 반전시킬 방법을 고민하자.


❖ **예약진료/야간진료/휴일진료/원격진료**

의료서비스 유통의 한계는 저장이 되지 않는다는 것이다. 진찰을 받고 수술을 받기 위해서는 환자에게 진료의 필요나 질병이 발생해야 하고 환자와 의료진이 만나야 이루어진다.

일반 상품의 경우 필요하면 직접 찾아가지 않더라도 배달을 시키거나 필요한 경우 예약을 통해 수요를 조절할 수 있다. 진료서비스의 경우 '아! 내가 다음 주에 감기에 걸릴 것 같으니 미리 진찰을 해주세요. 다음 주에는 아무래도 시간이 없어서 진찰받기 어렵습니다.' 하고 쟁여놓을 수 없다.

이렇게 진료서비스의 시간적 한계를 극복하기 위해 야간진료나 휴일진료를 실시하는 병원도 상담 시 옵션으로 사용할 수 있다.

공간적 한계를 극복하기 위해 원격진료에 대한 논의도 많았는데 팬데믹으로 인해 한시적으로 허용되고 있다.

### 여기는 왜 이렇게 비싸요?
(Price: 가격)

진료비는 상담에서 가장 민감하고 중요한 요소이다. 진료비의 부담 때문에 치료를 미루는 환자가 있기도 하고, 진료비가 병원 선택의 중요한 기준이 되기 때문에 병원을 차별화하기 위한 마케팅 요소로 활용하거나 이벤트를 진행하는 병원도 많다. 진료비가 저렴하면 상담 과정이 훨씬 수월하다. 하지만 진료비를 무작정 낮게 정할 수도 없고, 낮은 진료비가 환자의 모든 문제를 해결해 주지 못한다.

가끔 이런 질문도 받는다. '진료비가 싸면 수술재료를 나쁜 걸 쓰는 것 아니에요?' 거기에서 끝이 아니라 '좀 더 싸게는 안 될까요?'라고 묻기도 한다.

우선 위 질문에 답하기 위해서는 같은 진료를 하는 주변 병원의 진료비 수준을 알아보자. 전체 병원의 평균적인 진료비 수준을 알지 못하고 환자가 왜 이렇게 비싸냐고 물으면 '아! 정말요?'라고 생각해서는 곤란하다.

바쁜 일정 속에 병원마다 일일이 조사하기는 어렵다. 관심이 있다면 몇 개의 병원에는 직접 다니며 인테리어 스타일과 진료서비스 품질과 환자경험관리 시스템을 점검할 수 있다. 간단한 치료를 경험해 보면 직원의 역량을 파악할 수 있다.

직접 경험하기 어렵다면 지역을 담당하는 업체 담당자를 통해 간접적으로 알아볼 수 있다. 대부분의 업체는 지역을 담당제로 근무하기 때문에 주변 병원 사정을 가장 많이 빠르게 알아볼 수 있다.

그렇게 주변 진료비 동향까지 파악해 두면 환자의 비교에 당황하지 않고 대응할 수 있다. 정보력을 자랑하듯 말하지는 않도록 한다.

<사례1>
"요즘은 병원 진료비도 많이 내렸던데, 여기만 왜 이렇게 비싸요?"
"아닙니다. 주변 병원 중에서는 저희 병원이 저렴한 편입니다."

<사례2>
"요즘은 병원 진료비도 많이 내렸던데, 여기만 왜 이렇게 비싸요?"
"……예, 병원비가 많이 저렴해지고 있는데요, 저희는 중간 정도인 것 같아요. 저렴한 것만 믿고 치료받으실 수 있으시겠어요?"

진료비 부분은 환자나 상담자에게 매우 민감한 부분이고 한국 사람 정서상 돈 이야기를 직접적으로 하는 것은 회피한다. 그래서 치료비 이야기를 노골적으로 하면 상대방에게 방어적인 태도를 유발할 수 있다.

직접적으로 진료비를 언급하는 환자의 말에 물러서지 않으려면 2, 3초간 침묵을 하는 것도 좋다. 손사래를 치며 '아니에요, 잘못 알고 계신 거예요.'라고 즉답하기보다는 2, 3초 후 '예, 병원비가 아무리 저렴해도, 환자분이나 보호자분들 병원비를 내는 분에게는 부담이 되죠.'라고 **공감으로 받아라.**

조사해 본 결과 주변이나 동 진료과목보다 진료비가 낮은 편이라고 해도 '우리 병원이 진료비가 낮다'고 표현하는 건 피해야 한다. 그 이유는 입장을 바꾸어 생각해 보면 쉽게 이해할 수 있다.

상대적으로 진료비가 낮다고 소문난 병원의 포털사이트 평점이 낮다. 낮은 평점에 대한 원인은 다양하다.

진료비가 저렴하다고 해서 저렴한 진료를 받고 싶은 사람은 없다. 낮은 수가를 차별화 요소로 하고 복합적인 의료서비스 개선을 간과하는 경우 큰 클레임의 원인이 된다.

진료 여부를 결정하고 나서는 낮은 진료비가 만족스럽지만, 내원 횟수가 반복되면서 불공평한 대기시간 불친절 등 작은 사항 등이 더 크게 느껴지고 자신이 당하는 불만족의 원인을 싼 진료비라고 해석하면서 상대적 박탈감을 느끼고 서운함을 분노로 표출한다.

실제 조사해 본 결과 진료비가 전체평균보다 높은 수준에 있는 병원의 경우에는 당당하게 이렇게 말했다.

'환자분을 끝까지 책임지고 진료의 질을 유지하려니, 그렇게 됐습니다.'

높은 수가의 이유를 '우리 원장님은 서울대를 나오셨고, 우리 병원은 최첨단 장비를 사용하며…' 등등 그 이유를 조목조목 따져 이야기하려고 하면 환자는 다시 이렇게 반문할 수 있다. '요즘은 너도나도 다 서울대라던데요. 요즘 이런 기계 없는 데도 있나?' 이렇게 말한다. 눈에 보이지 않아 **비교하기 어려운 가치로 환자를 설득해라.** 당신만을 위해 시간과 정성 노력을 다하고 있다는 인상을 남겨라.

답변이 필요하면 '네 요즘은 다 시설도 좋고 친절하지만, 그 병원에 가시면 ○○○ 원장님이 안 계시잖아요.'라고 답해라.

### ❖진료비 얼마가 적당할까?

상담 과정에서 상담자가 고민하게 되는 건, 진료비보다는 할인(진료비 배려)이다. 진료수가는 이미 정해져 있는 것이고, 이제 상담실에서 마주 앉아 환자와 진료비 확정을 위한 눈치작전이 시작된다.

진료비 배려 기준을 정할 때 환자 개인에 대한 고민도 있지만, 다른 환자와의 공평성도 고려해야 한다. 나중에 찾아와 '내 친구도 여기서 치료받았는데 나보다 저렴하게 했더라'라고 항의를 듣게 되는 경우도 있다.

진료비 배려: 정률과 탄력

비보험 진료과목이 많은 과에서는 진료비 할인이 발생할 수 있다. 그렇다면 누구에게 얼마를 어떻게 배려를 해야 잘 된 상담일까?

배려를 많이 하면 상담이 수월하지만, 원장님 눈치도 보이기도 하고, 자존감에 상처를 입을 때도 있다. '원장님과 우리 직원들이 그렇게 열심히 일하는데 내가 잘못한 것도 없이 이렇게 가치를 낮춰서 치료를 진행해야 하나요?'

정률(정해진 배려기준): 환자에게 개별적으로 공평성을 위해 진료비 배려기준이 정해져 있는 경우, 모든 환자는 양질의 진료를 싸게 받고 싶어하지만, 환자 개인에 따라서는 진료비가 병원 선택의 1순위가 아닌 경우가 있다.

• 진료비 ○○○~○○○는 5%

- 진료비 ○○○～○○○는 10%
- 진료비 ○○○ 이상은 15%

상담이 끝나고 '환자분은 총진료비가 ○○○이니 5%로 할인 혜택을 드리겠습니다.' 했더니, '치료비 깎아주는 병원 첨 봤네.'라는 말이 돌아와 얼굴이 빨개졌다. 당시는 상담을 시작한 지 얼마 되지 않은 때라 4배로 민망했다.

반대로 사정상 병원에서 조금만 더 배려해 준다면 치료를 시작할 수 있을 것 같은데, 정해진 규정이 있어서 답답한 적도 있었다.

- 치료 시기를 놓치면 문제가 커질 것 같은 환자
- 대놓고 치료결과가 좋지 않은 병원을 저렴해서 선택한다는 환자

공평과 공정에 대한 기준을 명확하게 할 필요가 있다.

탄력(상담자의 재량에 맡겨지는 경우): 상담자가 원칙 없이 할인 기준을 적용한다면, 후에 환자 불만의 원인이 되기도 한다.

정률과 탄력의 중간 정도의 규정을 정해 놓는 경우가 가장 합리적이다. 최대 할인 폭을 정하고 상담자가 환자의 상황과 Needs를 파악해 정할 수 있는 제도와 그 이상을 요구하는 환자의 경우 어떻게 상담을 마감할지는 약간의 시간 차를 두고 결정하는 것이 좋다.

### 심하게 할인을 요구하는 경우

끝까지 더 많은 할인을 요구하며 흥정을 제안하는 환자 중에는 정말 형편이 어려워서 그런 경우가 있다. 그러나 정말 형편이 안 되어 진료비 납부가 어려운 경우보다는 진료비 할인을 받아야 직성이 풀리는 습관이

있는 경우가 더 많다.

　병원에서 진료를 구매하는 고객은 '착하다'라는 신념을 가지고 있다. 때로는 신념에 도전을 받게 될 때도 있지만 진료비에 대해 도전적인 태도를 가진 환자를 대할 때면 정의감과 승부욕 중간쯤에 있는 감정이 올라온다.

　상황에 따라 다를 수 있지만, 진료비만으로 병원을 선택하시려면 다른 병원을 찾아가시라고 분명하게 이야기해라. 그렇게 이야기하고 잠시 자리를 떠나 환자에게 혼자 생각할 수 있는 시간을 줘라.

　잠시지만 상담자와 환자 사이에는 보이지 않는 신경전이 벌어지고 있는 것이다. 환자와 氣싸움을 의도적으로 만드는 것은 아니지만 생각을 정리할 시간을 통해 과열된 에너지를 식힐 필요가 있다.

　다만 환자에게 본인이 받으려고 하는 치료와 지불하려고 하는 치료비에 대한 생각을 정리하고, 우리 병원이 환자에게 어떤 효용을 제공할 수 있을 것인가에 대한 생각을 정리할 수 있는 시간을 주는 것이다.

　환자도 혼자 있으면서 '병원이 여기만 있는 것도 아닌데 내가 여기 앉아서 뭐 하는 거지?'라고 반문하면서 우리 병원에 대한 끌림에 대해 생각하게 된다. 자존심이 강한 남자 환자분일수록 에너지를 가라앉히고 생각할 여지를 둔다. 민감한 환자는 수치심을 느끼고 자리를 박차고 일어날 수 있으니 여자환자와는 계속 대화를 이어간다. 들어주는 것만으로 해결되는 경우도 많다.

<질문을 이용한 대화>
의료가 공산품도 아니고 무조건 저렴하게 한다면, 믿고 신체를 맡기실 수 있으시겠어요? 물론 저희가 차별해 가면서 진료를 하지는 않겠지만

말입니다.

요즘은 병원도 서로 경쟁하느라 진료비가 저렴하다고 광고하는 곳도 많은데 저희 병원에 오신 이유가 있으시잖아요.

여러 차례 말씀드리지만, 다른 병원과 비교해 보지는 않았지만, 저희 병원 방침상에서는 최선으로 배려해 드린 것으로 알고 있습니다.

<전문성을 강조한 대화>

저희 원장님께서는 유명대학을 나와 치료에 대해 전문가로 정평이 나 있습니다. 또한 환자를 위해 최신 장비를 보유하고 있습니다. 더불어 최상의 기구와 재료를 사용하고 있으며, 진료기술에 숙련된 직원이 환자분을 케어하고 있습니다. 따라서 저희 병원은 진료비 배려에 대한 기준이 명확하며, 원칙적으로는 진료비 할인을 하지 않고 있습니다.

환자의 성향에 따라 전문성에 관한 이야기로 더 설득이 쉬운 경우가 있고, 질문과 친근함을 이용한 방법이 더 설득력을 발휘할 때가 있다.

하지만, 상담자가 다양한 방법을 알고 있어도 개인의 성향을 감추지 못하고 응대하다 보면 결국 환자와 지속적인 관계를 유지하기 어려울 수 있다.

<어설픈 초두효과 주의>

**전체비용**

N사 평점에 마이너스가 없어서 0.5점 줍니다. 교정치료 이벤트 광고 보고 병원 찾아갔더니 추가치료는 생각해 보고 진행하겠다고 해놓고 예약시간에 도착했는데 1, 2시간 대기는 기본이더군요.

그래도 시작한 치료이니 원만하게 끝내고 싶어서 계속 다녔는데 장치가 떨어져서 예약하면 재내원 비용과 재료비를 따로 받는다고 합니다.

1년을 넘게 다니고 보니 동네병원에서 치료받을 것을 그랬어요. 배보다 배꼽이 크다는 말이 실감이 나네요.

N사 병원 리뷰 중 일부이다. 해당 치료비 할인 이벤트를 보고 치료를 시작했는데, 이벤트 내용이 아닌 다른 치료를 권하거나 동의하지 않으면 불공평한 대우를 하거나 여러 가지 명목으로 추가비용을 요구하는 것에 지쳐서 마이너스(-) 점수를 주고 싶었다고 분노를 표출하는 모습이다.

지나치게 낮은 수가와 이벤트 가격정책 후 추가적인 치료를 요구하거나 치료 시 불이익을 주는 치료비를 환수하려는 정책은 공분을 살 수 있다. **약속을 지킬 수 있는 적정수가 정책을 일관성 있게 유지하자.**

<경제적 사정을 하소연하는 경우>
조금씩 안 좋아지면서 치료에 대해 어느 정도 마음의 준비는 해오셨나요? 준비하신 내용을 좀 알려주시면 거기에 맞춰 치료계획을 세워드리도록 하겠습니다.
현재 가장 급한 치료는 ○○입니다. 일단은 이렇게 치료를 진행(시작)하시면 시간적 여유가 생길 수 있으니, 다음 치료로 ○○~○○시기에 진행하시는 것은 어떠세요?

<방어적인 태도를 보이는 경우>
어떻게 치료하면 좋을지 생각해 두신 내용이라도 있으신가요?
말씀하신 내용으로 치료를 진행했을 경우 ○○의 문제가 발생할 수 있는데 그대로 진행해도 괜찮으시겠습니까?

반면에 치료가 시급하고 필요하지만, 경제적 사정이 넉넉하지 않은 환자의 경우에는 사정 이야기를 하거나, 하소연하는 어조로 이야기하거나, 본인의 사정을 상대에게 들키기 싫어서 방어적인 태도를 보이는 경우가 있다.

이런 경우에는 치료의 경중을 나누고 환자의 현재 상태를 파악할 수 있는 질문을 통해서 환자의 경제적 상황을 가늠해 해결책을 제시해 준다.

진료비 배려에 대해 보수적인 입장을 취하는 이유는 낮은 진료비 또는 높은 진료비 배려는 환자의 진료 초기 만족도는 높일 수 있지만 전체 치료에 대한 만족도와 비례하지 않기 때문이다.

특히 '깎고 봐야 한다고 생각하는 환자'의 경우 치료과정 중 조금의 무관심이나 약간의 기다림에도 '모두 치료비를 조금 지불해서'라는 프레임으로 심리적으로 위축되거나 치료비 배려와 연관 지어 생각하는 경향이 있다.

반대로 할인보다 양질의 서비스를 택한 환자 클레임의 원인에 대해서는 환자탐색장에서 알아보고 그에 대한 상담방법도 찾아보도록 하자. 진료비 할인이나 특정 진료에 대한 이벤트는 마케팅 관찰에서 자세하게 다룰 것이다.

상담에서 진료비에 대한 요소는 큰 비중을 차지하는 만큼 신중하게 다뤄야 할 항목이다. 상담 목표를 동의율 상승으로 할지 불만 고객 줄이기로 할지 환자와 신뢰 구축에 있는지, 그러면서도 바쁜 진료시간 상담시간을 줄여야 하는 여러 조건을 감안한 상담자의 의도에 따라 병원 상담의 질은 크게 달라진다.

따라서 진료비와 배려기준 또는 수가 정책에 대해서는 환자뿐 아니라 원장님과도 자주 대화의 시간을 가져, 상담에 탄력성과 활력을 불어넣을 수 있도록 평소에도 준비하는 것이 좋다.

### ❖ 분납/사보험

진료비 배려만으로는 상담자와 환자의 의견이 좁혀지지 않을 때 분납을 제안해 볼 수 있다. 깎고 보자는 환자와 정말 사정이 어려운 경우 분납에 대한 옵션을 설명했을 때 후자에 있는 환자의 경우는 반색하여 고

마워하며 치료를 시작하게 되는 경우가 많다.

최근에는 의료비 지급이 되는 개인 보험에 가입한 환자가 많이 있는데, 상담 때부터 본인이 보험에 가입되어 있으니 병원에서 보험금을 탈수 있도록 적극 협조해줄 것을 요구하는 경우가 있다. 보험 약관 중 보험금을 받을 수 있는 항목이 있지만, 보험설계사가 권해서 든 보험이나 오래되어 약관 내용이 가물가물한 환자에게 보험 약관을 한번 살펴보도록 권하고 병원에서 이를 적극 활용할 수 있도록 조언해 주는 방향으로 상호 협조하면, 병원과 환자 사이에 유대감 형성에도 도움이 된다.

### 치료는 잘하세요?
(Product: 상품/전문성에 대해서)

진료비는 진료서비스에 대한 환자만족도에 비례하여 정해져야 하지만, 대부분은 진료비를 먼저 정하고 진료서비스를 디자인해 가는 경우가 많다.

진료서비스는 상담자가 환자와 한 약속을 가장 지키기 어려운 부분이다. 병원에서 상품(서비스)은 모두 사람과 사람이 만난 자리에서 정해진 표준은 있지만, 표준화가 이루어지고 있는지 평가하기 어렵다. 진료서비스의 평가는 오로지 환자의 만족도에 의존하는 방법밖에 없기 때문이다.

마치 과일을 사러 가서 '이 귤 맛있어요?'라고 묻는 것과 같다. 과일집 사장님이 사실대로 이야기한다면 '제 입맛에는 맛있는데, 손님 입맛에는 맞을지 모르겠네요.'라고 한다. 당신이 손님이라면 어떤 반응을 보였을까? 아마 대부분은 민망해하며 '돌아보고 올게요.'라는 말을 남기고 멀어져 갈 것이다.

반대로 '네, 엄청 달고 맛있습니다. 어제도 없어서 못 팔았어요.'라는 과일집 사장의 호언장담만 믿고 산 귤이 시다면 어떻게 하겠는가? 가족들이 아무도 먹지 않아 껍질 두껍고 신 귤을 혼자 우걱우걱 먹으며, 다시는 그 과일집은 가지 않으리라고 다짐을 한다.

근데 이 병원 치료는 잘하나요?

&lt;사실을 근거로 한 대답&gt;
네, 저희 병원은 환자분의 통증을 줄여드리기 위해 2013년부터 레이저 장비를 도입하였으며….

&lt;사례를 근거로 한 대답&gt;
치료를 잘하고 못하고는 환자분들 각자가 느끼는 만족감이기는 합니다. 제가 상담을 오래 하고 병원 생활을 하다 보니 간혹 컴플레인이 들어올 때도 있지만, 1년에 한두 건이 발생할까 말까 합니다. 치료 잘 받고 고맙다고 인사도 하시고 칭찬 많이 받았습니다.

&lt;감정에 호소하는 대답&gt;
저를 믿고 한번 치료를 진행해 보세요. 혹시라도 치료받는 중에 불편한 점이나 궁금하신 점이 생기면 언제든지 말씀해 주시면 최대한 열심히 해결해 드리겠습니다.

❖기대심리 높이기와 약속 지키기

환자가 진료서비스 질에 관해 질문하는 순간 상담자는 또 하나의 딜레마에 빠지게 된다. 치료 후에 기대되는 긍정적인 효과들을 과장되게 이야기해 환자의 상상력과 기대심리를 높여야 할지 지킬 수 있는 약속만을 하고 환자가 이성적으로 판단할 수 있도록 도울지 두 선택 사이에서 짧은 순간 깊게 고민을 하게 된다.

환자의 성향에 따라 둘을 적절하게 균형을 맞춰 상담을 설계해야 하겠지만, 필자의 경우 대체로 7:3 정도로 기대심리를 높이는 것에 더 초점을 맞추는 편이다. 도대체 7:3 비율로는 어떻게 맞출 수 있을까?

> 진료를 잘하는 것에도 여러 가지가 있을 수 있습니다. 안 아프게 잘하는지, 예쁘게 잘하는지, 튼튼하게 오래 쓸 수 있게 잘하는지 빠르게 잘하는지 물론 대부분의 환자분들께서는 싸고 빠르고 안 아프고 튼튼하게 잘하는 것을 원하시는데요. 상황에 따라 환자분의 특성에 따라 맞춰서 진단하고 치료를 진행하게 되어야죠. 어떤 분은 안 예뻐도 상관없으니까 오래 가게만 해달라고 하시는 분도 계세요. 시골에서 어머님들 파마하실 때 그러시잖아요. 빠글빠글해야 잘하는 거잖아요. 저희는 그렇게 준비하고 치료하는데 나머지는 환자분이 맞춰주셔야 합니다. 원하는 것, 불편한 것, 궁금한 것은 그때그때 말씀해 주시고, 저희가 아무리 잘해도 결국 환자분이 잘 따라와 주고 또 몸이 잘 받아들여야 잘 아물고 치료가 되죠. 같이 노력해야 결과가 좋아집니다.

치료 사이사이에 환자의 피드백을 받아 가며 상담의 방향을 바꿔가기는 하지만, 병원은 준비가 되어있다. 병원은 도울 뿐 치료는 과정이기 때문에 함께 만들어 가는 것이라는 뉘앙스를 풍기는 정도로 상담을 한다.

그래도 마음 한편은 늘 불안하다.

### ❖진료 과정 실태 파악

진료실과 상담실이 완전하게 분리되어 일단 상담을 해서 환자를 진료실로 넘기만 하면 되는 규모가 큰 병원이 아니라면, 상담자는 환자와 이야기하는 중에도 이런저런 생각이 들어 진료실 상황을 체크하게 된다.

- 요즘 수술실 스케줄은 얼마나 되지?
- 새로 온 진료팀장은 진료는 잘하나?
- 새로 오신 원장님은 어떠시지?
- 체어는 고쳐졌나?

상담자는 진료실 상황의 장점과 단점 모두를 파악하고 있어야 한다.

- 수술실 직원이 바뀌어 수술시간을 예측할 수 없을 때
- 환자의 병력이나 현재 치료 부위의 상태에 따라 이상적인 결과예측이 불투명할 때
- 새 기계장비를 도입했을 때
- 응급환자의 치료시간을 예측할 수 없을 때
- 환자의 전신질환을 감안한 치료계획
- 원장님의 치료스타일
- 병원 주요 환자층의 치료내용을 감안했을 때 특별한 진료 내용

치료과정 중 직면하게 될 어려움을 예측해서 환자에게 사전에 고지하여야 한다. 미용을 목적을 한 치료 외에도 기능회복을 위해 하는 치료에도 환자는 치료 후에 스스로 느끼게 될 효능에 대해서 크게 기대하는 경우가 많다. 또 전체 치료과정이 모두 톱니바퀴 돌아가듯이 진행되지 못할 수 있다는 것을 당부해야 한다.

<치료결과에 대해>
수술하고 치료받으면 당장 젊었을 때처럼 튼튼해져서 이것저것 사용해도 될 것 같지만, 실제로 그렇게 사용하시면 부작용이 날 수 있습니다.

드라마처럼 자고 일어나면 좋아지고 튼튼해지면 좋겠지만, 당분간은 적응하는 기간이 필요하실 겁니다.

<치료과정에 대해>
댁도 병원에서 멀고 해서 최대한 예약도 편한 시간에 잡아드릴 수 있도록 저희 코디네이터 선생님께 미리 말씀도 해드리고 할 것이지만, 치료 중에 한두 번 더 병원에 오셔야 할 수도 있고, 주의사항도 잘 지켜주셔야 결과도 좋아지십니다. 혹시 불편하시거나 궁금하신 점 있으면 언제든지 말씀해 주시고요.

**"사전에 하면 설명, 사후에 하면 변명"**

사전에 이야기를 들은 환자와 그렇지 못한 환자의 반응은 크게 다르다. 미리 이야기를 들으면 치료결과가 예상했던 것과 같이 안 좋을 때 상담자에게 앞으로의 진행 과정에 대해 설명을 듣기를 원한다. 치료결과가 예상보다 좋을 때 환자의 만족도는 더 높아진다.

## 아는 사람 중에 치료할 사람 많은데
### (판매촉진활동: Promotion)

이 이야기를 꺼내는 이유는 '아는 사람 중에 치료할 사람 많은데 뭐 없어요?'라고 말하는 환자가 있어서이다. 환자들이 할 수 있는 마케팅 활동은 주로 진료비와 관련된 것이 대부분이다. 소문에 의하면 다이어트 환자 10명 소개하면 1달 치 다이어트 한약을 무료로 받을 수 있는 혜택을 주는 한의원도 있다. 성형환자를 소개하고 보톡스나 필러를 맞았다는 소문도 들을 수 있다. 체험단으로 등록해 각 진료과 투어가 일상인 인플루언서도 있다.

## ❖즉각적인 입소문 VS 지속적인 입소문

병원 판촉활동 중 이벤트 활동이 전부라고 이해하는 병원종사자가 있는 것처럼 병원을 홍보해 주는 카페나 블로그를 방문해 봐도 대부분 이벤트 소식이 주로 차지하고 있다. 원하는 병원을 찾을 수 있는 병원 관련 어플은 할인 이벤트가 대부분이고 최근에는 중고거래 사이트에 병원 진료 내용을 올리는 사례도 많다(사람은 태어나자마자 중고가 되지만, 그래도 중고거래 사이트라니).

가격은 모든 소비자가 즉각적으로 반응하는 민감한 요소임은 분명하다. 앞에서도 잠깐 언급했듯이 저가 정책은 진료수입을 수직상승시킬 수 있는 단기적인 전략이다.

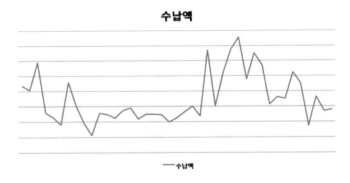

〈가격할인을 위주로 Promotion한 경우의 진료수입곡선〉

상담자는 우리 병원의 입소문이 어떻게 소문나기를 기대하는가?

- 다른 데보다 저렴하니까 진료 한번 받아봐.
- 조금 비싸긴 한데, 잘하는 것 같아…
- 싸다고 다 좋은 건 아닌 것 같아…

- 가격 대비 잘하는 것 같아…
- 할인은 잘 안 해주는데, 비싼 데는 이유가 있더라.
- 비싸기만 하고 실력은 좀… 왜 비싼지 모르겠어…

치과에서 상담실장을 하고 있는 선생님에게 최고의 상담은 무엇인지 물은 적이 있다. 환자가 "왜 비싼 줄 알겠다."고 했을 때 가장 보람을 느끼고 기뻤다고 했다.

환자가 지속적으로 아는 사람에게 소문을 낼 때는 두고두고 품질에 만족했을 때이다.

머리를 새로 했을 때를 생각해 보자. 10만 원이 넘는 파마가 아니더라도 커트도 마음에 들지 않으면 머리카락이 자랄 때까지 못마땅해서 견디기 힘들다. 심한 경우 출근하기 싫어지거나 친구들과의 약속을 미루고 싶은 심정이 든 경험도 있을 것이다. 하물며, 의료서비스의 경우 특히 수백만 원을 호가하는 비보험 진료의 경우 원하는 치료결과를 얻지 못하고 모양도 이상하고 기능까지 상실하게 된다면 절망적인 심정이 될 것이다.

유명 여자 연예인이 간단한 시술을 받았다가 몸에 흉터가 남았는데 병원의 미온적인 대응에 실망해 우울하고 참담한 심정을 SNS에 올려서 화제가 된 적이 있다. 진료 중 크고 작은 피해를 받았다고 생각하는 팬들은 '유명연예인이니까 반응을 하네, 일반인은 어림도 없다.'는 반응을 보였다.

진료 외 서비스도 마찬가지이다. 통증과 고통의 두려움을 감수하고 치료를 받으려고 병원을 선택하고 진료를 마음먹기, 진료 접수를 하고 기다리는 순간 생전 처음 겪게 될 경험과 통증에 대한 불확실성, 병원 대기실에서 철저하게 환자의 입장이 되어보지 않고서야 실감할 수 없는 복잡하고 다난한 감정이 아닐 수 없다.

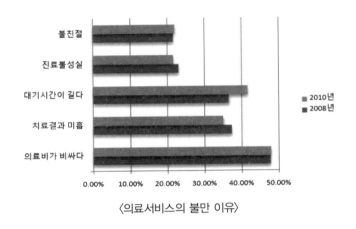

〈의료서비스의 불만 이유〉

### ❖진료비 그 이상의 가치를 전달하라

한동안 훈훈하게 전해진 이야기처럼 상담자는 진단명과 치료법을 넘어서는 환자에게 우리 병원만의 가치를 전해주어야 한다.

집을 살 수는 있지만 가정을 살 수는 없습니다.

시계를 살 수는 있지만 시간을 살 수는 없습니다.

침대를 살 수는 있지만 잠은 살 수 없습니다.

책을 살 순 있지만 지식은 살 수 없습니다.

의사는 살 순 있지만 건강은 살 수 없습니다.

직위는 살 순 있지만 존경은 살 수 없습니다.

피는 살 순 있지만 생명은 살 수 없습니다.

사람은 살 수 있지만 사랑은 살 수 없습니다.

# 가성비 x 가심비 = 높은 가치

가치의 사전적인 의미는 대상이 인간과의 관계에 의하여 지니게 되는 중요성으로 풀이된다.

> 임플란트를 하시면 그동안 못 드셨던 고기나 질긴 음식도 드실 수 있게 됩니다. 임플란트가 틀니보다 5배나 힘이 강하니까요.
> 가족끼리 외식 가셔서도 메뉴를 같이 즐기지 못하고 혼자 드시기 편한 것만 드시면서 얼마나 답답하셨습니까. 이제 수술받으시고는 가족과 함께 편하게 외식도 하시고 여행도 다니세요.
>
> 저희 병원에서 시술하시면 시력을 0.8 이상 회복하실 수 있습니다.
> 지금까지 안경을 착용하시면서 큰 불편 없이 생활하셨겠지만, 안경으로부터 자유로워지는 해방감을 느끼시면 왜 여태까지 참아왔나 싶으실 겁니다.
> 특히 운동이나 취미활동 할 때, 뜨거운 음식 먹을 때면 한 보람이 있으실 겁니다. 가끔 빗물이 눈에 튈 때는 안경이 그리울 때가 있습니다만…

가족들과 식사를 즐기며, 서로의 행복감을 나눌 수 있는 기쁨은 돈으로 환산하기 어렵다. 안경을 사용할 때의 불편함을 경제적으로 계산하는 것도 불가능하다.

따뜻함을 선물하자는 취지에서 내원 환자에게 손난로를 나눠주는 겨울 이벤트를 준비했다. 계획은 철저하게 코디네이터팀에서 맡고 있었는데, 결국 겨울이 다 지나도록 채 소진하지 못하고 재고가 쌓였다.

'누구나 언제나 12월 중순에서 1월 말까지 모두 소진하는 것이 좋습니다.'

'최소 영하 0도 이하로 떨어진 날 여성이나 노약자를 구분하여 드리고 있습니다.'

'왜죠?'

왜였을까? '겨울에 사용하는 손난로'를 준비했기 때문이다. '추운 날 따뜻한 손 대신 손난로'를 준비했다면 결과는 달라졌을 것이다.

'추운 겨울 내원하느라 수고한 당신, 이제 또다시 추운 길을 가야 할 그 길에 약소하지만 손난로를 준비했습니다. 제 마음입니다.' 다소 거창하고 오글거리지만 가치를 담아주어야 한다.

손난로 한 개의 단가는 몇백 원 수준이다. 몇백 원짜리를 몇만 원짜리로 만드는 방법은 마음을 더해서 전하는 것이다(가심비). 무슨 조건이 충족되어야 드리는 조건부 표현은 이미 사랑의 **가치가 시들해진다.**

온/오프라인에서 지속적인 입소문을 위해서는 가치를 지속적으로 전해야 한다.

그렇게 이야기한 후 필자가 마지막으로 하는 신의 한 수는 '치료를 받을까 말까 고민 중이라면 조금 더 고민해보시고, 언젠가 해야 할 치료라면, **지금 여기서 하시는 것이 좋습니다.**'라고 이야기한다.

'그렇기 때문에 그냥 임플란트나 라식이 아니라, 우리 원장님이 있는 병원에서 제가 약속을 끝까지 지키도록 노력할 테니 여기서 치료받으셔야만 합니다.'라고 자신감 있게 시도 때도 없이 입으로 또는 글로든 영상으로든, 다른 사람의 입을 거치면 더 좋다. 꼬리에 꼬리를 물고 이야기가 퍼져나갈 수 있도록 한다.

**마음을 표현할 수 있는 선물을 준비하자.**

사랑하는 사람의 세레나데는 언제나 감미롭다. 하지만 7년째 세레나데만 불러준다면 그래도 처음과 똑같이 감미로울까? 병원 전체적으로 프로모션 과정을 설계하는 것까지 힘들다면 상담실에 창고를 만들자.

창고에 마음을 표현할 수 있는 선물을 적어도 2, 3개를 채워두면 좋다. 마음을 표현할 때는 특별함을 느낄 수 있도록 하는 것이 좋다. 할머니가 깊숙이 감춰두었던 사탕이나 과자 등 군것질거리를 아끼는 손주를 불러 몰래 먹였던 것처럼 **'저희 병원 누구나'**보다 **'당신에게만 특별하게'**로 전하는 것이 좋다.

- 저희 병원에서는 어림도 없는 소리예요. 직원에게도 주지 않는다고요.
- 사비로 준비하는 것도 한두 번이지, 지쳤어요.
- 너도나도 달라고 해서 끝이 없어요.

상담을 전담할 때 필자가 사용했던 방법 중 하나는 환자에게 받은 선물을 환자에게 되돌려 주는 것이었다. 앞에서도 이야기했듯이 환자와 상담자 사이의 가치와 비밀을 공유하는 것이다. 간혹 진료비 배려 기준을 정할 때도 공식적인 방법을 쓰기보다는 개별적인 방법을 사용하는 경향이 있지만, 선물을 전할 때도 비슷하다. 환자의 성향에 따라 조금씩 다르지만, 정리하면 다음과 같다.

&lt;외향적이고 먼저 요구를 하는 환자&gt;
이런 환자분의 경우 스스로 병원을 둘러보고 추가로 요구할 수 있는 것이 무엇이 있는지 확인을 한다. 그 내용이 추가적인 비용 배려가 되었든 병원에 준비된 사은 내용이 되었든 일단 말을 꺼내 놓고 기다린다.

"내가 집에 가서 써보니까, 저번에 받아 갔던 것이 시중에서 파는 것보다 좋더라고. 하나만 더 받을 수 없을까?"
먼저 못 받으셨어요? 환자분들이 많이들 좋아하세요. 그런데 준비를 많이 못 해서 한 분에게 한 개씩밖에 안 되는데.(시간을 좀 끈다.)

<환자가 원하는 것이 여유가 있을 때>
많이는 못 드리고 마지막으로 더 챙겨 드릴게요.

<수량이 부족할 때>
그것은 좀 힘들고, 제가 따로 챙겨 놓은 게 있는데 이걸로 드리면 안 될까요?

환자의 마음속이 훤하게 보이더라도 마치 뜻밖인 듯 반갑게 대하고, 즉각적인 거절은 상대에게 수치심/모욕감을 줄 수 있으니 조심하자.

"안 돼요. 1인당 1개씩입니다."라거나 "원장님에게 혼나요"라거나 같은 말을 1초의 여유도 없이 반사적으로 해서 환자를 무안하게 만드는 일은 절대 하지 말아야 할 행동이다.

거절을 하더라도 (잠시 시간을 끌며) "저도 그러고 싶은데, 여유가 없어서요. 제가 다음에 다른 것을 더 챙겨 드릴게요"라고 여유 있게 거절하는 것이 좋다. 주고도 욕먹는 사람이 당신이 되지는 말아라.

직원들과 모여서 이야기를 해보면 특별하게 규제를 하고 있지 않지만, 환자가 얄미워서 일부러 거절하는 경우도 있다고 한다. 병원의 사정에 따라 다르지만 여건이 허락한다면 이렇게 교육하는 것이 좋다.

개인적인 권한으로 자율적으로 활용할 수 있는 환자 배려 항목이라도 '잠시만 원장님께(실장님께) 확인해 보도록 하겠습니다.'라고 이야기하는 것이다. 잠깐 동안 환자는 자신에게 특별한 혜택을 주려 한다고 상상할 수 있다.

프로모션 활동은 병원마다 그 규모와 내용이 천차만별이기 때문에 자세하게 다루기 어렵지만, 병원에서 실시하는 모든 내용을 상담자는 숙지하고 있어야 한다. 또한 그 내용을 최대한 자세히 최대한 열심히 직원들과 공유할 수 있도록 한다.

지금까지 우리 병원에 상담에 필요한 항목이 무엇이며, 그중에서 환자마다 활용할 수 있는 사항이 무엇이 있는지 확인해 보았다.

### '상담 준비 완료!!'

단순하게 설계가 된 병원도 있을 것이고, 복잡하고 세심하게 설계되어 있는 병원도 있을 것이다. 하지만 환자의 개인적인 성향에 맞추어 병원의 자원을 활용해 딱 떨어지게 프로모션을 활용하는 것이 상담실장의 능력이다.

그 내용을 간단하게 그림으로 표현하면 아래와 같다. 환자의 특성에 맞는 조각을 찾아 빈 곳을 채워 주어야만 "딸깍" 하고 반응을 한다.

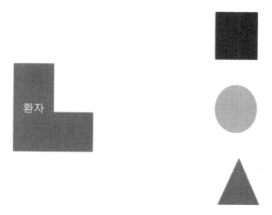

〈문제〉 왼쪽 그림에 어울리는 도형을 오른쪽에서 찾아 연결하시오.

어린이들 학습 교재에서 많이 볼 수 있는 도형을 익히는 놀이와 유사하지만, 단순한 그림 안에 상담에 대한 정의가 들어 있다면 지나칠까? 《어떻게 원하는 것을 얻는가》(스튜어트 다이아몬드 지음, 김태훈 옮김, 8.0 출판)를 읽고 필자가 기억한 한 가지는 **'상대가 원하는 것을 주어야 내가 원하는 것을 얻을 수 있다.'**이다.

환자를 잘 관찰할 수 있어야 환자가 원하는 것을 찾을 수 있다. 환자가 병원과 상담자에게 제시한 근거를 가지고 환자를 탐색하는 법에 대해서 알아보도록 한다.

Part

2

—

환자알기

사람이 온다는 건

실은 어머어마한 일이다.

그는 그의 과거와 현재와

그리고 그의 미래와

함께 오기 때문이다.

한 사람의 일생이 오기 때문이다.


- 정현종, 〈방문객〉 중에서

# 고객 관찰하기

## 근거 기반 상담법

'근거 없는 자신감'이라는 말은 예쁘지도 않고 배경이 든든하거나 공부를 잘하는 것도 아닌데, 자신감이 지나친 상태를 말한다. 하지만, 최근에는 근거 없는 자신감이라도 뭐든 열의를 가지고 열심히 하려는 젊은이들의 패기를 높게 보는 사회적 분위기가 있다.

하지만, 의료현장에서는 어떤가? '근거 없는 자신감'으로 무장한 직원에게 업무나 환자를 맡겨 뒷수습을 위해 진땀 좀 뺀 기억이 있다.

신입직원 교육을 할 때나 졸업을 앞두고 있는 학생들에게 "직원 중 가장 좋은 건 잘 알면서 열심히 일하는 사람입니다. 나쁜 건 잘 알면서 이리저리 요령 피우고 열심히 하려 하지 않는 사람, 가장 무서운 사람은 잘 알지 못하면서 열심히만 하는 사람입니다. 병원의 어떤 인재가 될지는 스스로 판단에 맡깁니다. 참고로 저는 '순수한 열정을 가진 인재'를 좋아합니다."라고 말해왔다.

우리는 근거 있는 자신감을 가진 사람과 일하기를 원한다. 인터뷰 때는 '네! 잘할 수 있습니다.'라는 말만 믿고 채용했다가 고개를 갸우뚱하며 '잘'이라는 말에 차이가 있다는 진리를 깨닫게 된다.

마찬가지로 환자도 병원과 상담자에게 근거 있는 상담을 받기를 원한다. 누구에게나 들을 수 있는 상담, 밑도 끝도 없이 우리 병원은 다 잘하고 무조건 잘한다는 우격다짐으로 환자를 진료실과 수술실로 밀어 넣으면 작게는 환자 불만족과 환자 이탈 크게는 의료소송까지 이어질 수 있다. 그렇다고 지나치게 겸손해서야 환자에게 진료경험을 할 수 있는 기회조차 얻기 어려워지게 된다.

　　그렇다면 상담의 근거가 되는 내용은 어디서 찾아야 하는 걸까?

　　**답은 당연하게 환자에게 있다.** 그래도 우리나라 환자는 착해서 우리 병원에 대한 장점과 자랑거리를 늘어놓고 진료수가가 적정하다거나, 자신의 고통과 아픔을 해결해 줄 것 같으면, 진료동의서에 선뜻 동의를 해주지만, 환자가 점점 스마트해지고 있는 건 모두가 공감하는 사실이다. 친구에게 물어보고 네이버에 물어보고 전화해서 물어보고 병원에 와서 또 물어본다.

　　환자가 궁금해하는 오만가지를 한마디로 요약하면 무엇일까?

　　"이 병원이 잘하는 건 알겠고 그래서, 내게 무슨 이익이 있는데?"

### 근거를 찾습니다

상담자: 빠르게 치료하겠습니다.
환자: 제대로 하는 게 중요하지, 빠르게 했다 다시 하면 어떻게 해?

상담자: 진료비 배려가 있습니다.
환자: 병원에서도 할인을 하나? 마트도 아니고?
상담자: 저희 원장님은 S대를 졸업하시고, 수술 경험이 많습니다.

> 환자: 요즘은 너도나도 S대다 해외파다 그러던데 뭐.
>
> 상담자: 다양한 수술 사례를 보여드리겠습니다.
> 환자: 저렇게 피가 나요? 무서워서 못하겠다.

이렇게 상담을 마치고 환자가 나가면 상담자는 혼잣말인데 남들이 모두 들을 수 있게 말한다. '환자가 까다로워 진상이야 진상.' 상담 과정이 원활하지 못한 이유를 환자에게 넘기는 습관은 좋지 못하다. 환자가 원하는 바를 정확하게 잡아냈다면 상담의 결과는 달라졌을 수 있다.

앞서 살펴본 도형 그림이 생각났다면, 스스로를 격하게 칭찬해 줘도 좋다. 이 책에 전체의 핵심은 그 도형 안에 있다고 해도 과언이 아니다. 환자에게 어울리는 도형을 찾아 끼워 '딸깍' 하고 불이 켜지는 환자의 포인트를 찾을 수만 있게 된다면 《병원상담의 모든 것》을 Good to the Last 즉 마지막 한 방울까지 맛있게 즐긴 것과 같다.

그렇다면 환자를 깊게 탐색하는 방법을 찾아보도록 하자.

**根據(근거): 어떤 일이나 의논, 의견에 그 근본이 됨. 또는 그런 까닭 〈Naver 사전〉**

환자가 우리 병원에서 치료하지 않고, '예, 알겠습니다. 오늘은 약속이 있어서 조금 더 생각해 보고 연락드리도록 하겠습니다.' 하고 자리를 박차고 나가는 데에도 원인이 있을 것이고, 한 달간 열심히 상담해도 상담 동의율 70% 이하를 기록하게 된 데도 이유가 있을 것이다.

따라서 우리는 결과만을 놓고 이번 달은 동의율이 저조하다거나 저 환자는 까다롭고 꼬장꼬장한 진상이라고 뒷담화하는 것을 지양해야 한다. 오히려 환자가 상담자의 상담스타일에 매료되어 진료에 흔쾌히 동의하게 되는 이유를 탐색해 본다.

모든 수단과 방법을 동원했음에도 불구하고 또 다른 병원을 찾게 되는 원인을 연구해 본다. 결국 상담 성공의 확률을 높여 나가야 하고 스스로 상담의 질을 향상시키기 위해서 노력해야 한다.

**"근거 기반 상담**이란: 의료진의 전문적 식견과 환자의 선호와 가치, 활용 가능한 자원을 통합하여 최선의 상담을 진행하는 것을 말한다."
– 한국보건의료상담협회

의료진의 전문적 식견은 병원탐색항목에 속한다. 또한 상담자는 자신이 담당하고 있는 상담분야에서는 남다른 식견을 가지고 트렌드에 민감하게 반응하여야 한다. 특히 우리 병원의 전문성 향상을 위한 변화와 의료진의 전문성 향상을 위한 노력에 대해 환자들에게 제대로 전달할 수 있어야 한다.

활용 가능한 자원에 대해서는 6장 옵션으로 상담동의율 높이기에서 좀 더 자세하게 알아보게 될 것이다. 본 장에서는 환자의 선호와 가치를 알아보기 위해 근거가 되는 사항에는 무엇이 있으며, 근거를 파악 할 수 있는 방법에 대해서 알아보게 될 것이다.

근거 없는 자신감이 아닌 근거 있는 상담을 하기 위해서 환자를 제대로 파악할 수 있는 방법에는 무엇이 있을까?

## ▎환자의 일반적인 특징

　환자의 일반적인 특징에 대해서 분류를 할 때는 인구역학적인 특징을 먼저 생각해 볼 수 있다. 성별이나 연령, 학력, 경제력 또는 가족 사항 등을 알아보는 것이다. 성별과 연령은 병원에서 쉽게 알 수 있는 항목이지만, 학력이나 경제력 등을 직접 알 방법은 없다. 간접적으로 환자를 더 자세하게 알아볼 수 있는 법에 대해서 본 장에서 살펴보자.

　일반적인 경우에 남성보다 여성이 병원치료에 대한 공포심과 두려움이 더 많고 치료과정에 더 예민하다고 알려져 있다. 하지만 남성이 본인의 건강이나 심미적 치료에 대해 둔감한 편이라서 그렇지 실제 상담 과정에서는 여성보다 불안한 행동특성을 보이기도 한다. 다만 남자라는 사회적 인식 때문에 공포심을 내색하지 못할 뿐 남자들도 무서워한다는 것을 잊어서는 안 된다.

　반면, 의료서비스 구매 결정권은 대부분 여자가 가지고 있다. 엄마와 아이가 병원에 오면 엄마가 결제하고 엄마와 아빠와 아이가 병원에 와도 엄마가 결제를 한다. 그래서 여성과 같이 온 남성이 치료가 필요한 경우 상담 과정은 순조로운 경우가 많다. 여성은 본인이 치료받을 것이 아니기 때문에 꼭 치료받아야 한다고 하고 결제에 대한 권한은 여성이 가지고 있는 경우가 많기 때문에 남성은 암묵적으로 치료에 동의한다. 진료비 등과 같은 세부적인 사항은 당사자가 아닌 동행자와 마무리하면 된다. 이는 아이와 엄마가 같이 온 경우도 마찬가지이다.

　여성이 스스로의 치료를 결정할 때에는 미혼인가 기혼인가를 사전에 알아 두는 것이 좋다. 하지만 최근에는 만혼과 비혼 인구가 많아지는 추세이다. 사회활동을 하는 가정주부가 많아져 주민등록번호에 나와 있는 생년월일로 경솔하게 첫 마디를 시작했다가 환자와 관계가 서먹서먹해질 수 있으니 '호칭' 사용에 주의가 필요하다.

기혼의 경우 진료서비스를 결정할 때 좀 더 이성적이고 합리적인 소비를 결정하게 되는 경우가 더 많다. 지금 꼭 필요한 치료는 무엇인지 우선순위를 짚어주는 것이 좋다. 미혼의 경우는 앞으로의 라이프 사이클을 감안했을 때 미래지향적인 상담을 하는 것이 좋다.

나이가 많은 환자일수록 '선택적 듣기'에 익숙하다. 선택적 듣기란 병원에 오기 전까지 스스로 진단하고 판단하고 결정한 내용과 유사한 내용만을 더 오래 기억하고 그 내용을 뒷받침해 줄 내용만을 기억하는 것이다. 특히 연령이 증가할수록 선택적 듣기는 심해지고, 남자의 경우는 더 완강하다. '내가 여기가 좀 아픈데 지금 치료되나?'라고 이야기한다. '여러 치료법이 있는 건 알고 있지만, 통증만 없애줄 수 있나?' '내가 약속이 있는데 빨리 되나?' 마치 당신이 무슨 말을 하는지 알고 있지만, 난 남자로서 내 치료법과 치료 시기는 내가 선택한다! 남좌~~ 이런 느낌이다.

신사분의 귓속으로 들어가서 달팽이관 바로 앞에서 외쳐주고 싶을 때가 있다. "제 말 좀 들어주세요!!"라고 말이다.

50대 전문직을 가진 남자 그룹은 요지부동 설득이 어려운 집단이라고 입을 모은다. 병원상담자뿐만 아니라 강의를 하는 강사들 사이에서도 마치 바윗덩어리를 움직이는 것만큼 힘이 든다고 하소연을 한다.

바윗덩어리를 움직이는 해법을 다음 소프트의 송길영 (전) 부사장의 강의에서 찾았다. 송 부사장은 '빅데이터'를 활용한 마케팅과 관련해 데이터를 분석하고 트렌드를 예측하는 사람이다. 송 부사장이 분석한 '엄마가 좋아 아빠가 좋아?'라는 원초적 질문에 대한 데이터 분석결과 '아빠가 좋아'로 나타났다.

결과의 이면에 슬픈 분석이 있다. 엄마는 사랑해주고 챙겨주지만 혼도 내고 안 된다고 말하는 것도 많다. 상대적으로 아빠는 바빠서 볼 수가 없지만 내가 원하는 건 다 들어주고 혼도 안 낸다. 따라서 아빠가 좋다는 것이다. 강의 초반인데 내용도 신선했지만, 왜 '엄마가 좋아 아빠가 좋아'를 주제로 삼았을까?

빅데이터 트렌드 강의의 대상은 주로 기업체 CEO이다. 그들은 일반적으로 남자들이 대부분이고 사회의 성공가도를 달려온 엘리트 집단이다. 이 자리에서 송 부사장이 '마케팅은 이렇습니다.' '요즘 젊은 사람은 이렇습니다.'로 시작을 했다면 어땠을까? 유사한 교육과 강의를 수도 없이 들었을 그들의 집중력을 마음을 움직일 수 있었을까?

'그동안에 회사 일에, 자제분들 돌보고 하느라 내 몸 돌볼 사이가 없으셨을 텐데요. 그래도 이 정도면 잘 지키셨습니다. 앞으로 가족들과 더 지내시려면 건강이 필요하실 텐데요. 제 이야기 좀 먼저 들어보실래요?'라고 시작해 보는 것이다.

'당신은 아빠지요? 지금 이 데이터는 당신의 아이들과 당신의 거리예요. 제 얘기에 마음이 움직이시나요. 사장님이 아니라 누군가의 아빠인 당신 앞으로 나올 데이터와 내용도 당신이 생각하지 못한 이야기를 데이터를 통해서 할 것이니, 마음을 여세요. 자~ 갑니다!!'라고 이야기를 한 것이다.

지금 이야기하는 것은 일반적인 특성이지 누구에게나 다 통하는 경우는 아니다. 경험으로 알고 있는 것이 있다. 때로는 깐깐하려고 들면 남자가 더하고 수다스러우며 겁이 많다. 깐깐한 남자분을 만나면 조용히 환자의 말을 끝까지 들어라. 그리고 '제가 말씀드려도 될까요?'라고 양해를 구하고 이야기를 시작하라. 말머리는 '말씀하신 대로 또는 알고 계신 것과 같이'로 하고 '자 그럼 어떤 치료부터 어떻게 시작하실까요?' 라고 끝을 맺어라.

어르신들의 선택적 듣기에 지칠 때도 있지만, 친밀감과 병원과의 의리를 따진다면 나이가 상대적으로 높은 환자가 편안하다. 치료를 끝낸 뒤 수고했다며 '비타 500'상자를 들고 나타나는 사람은 어르신이다.

환자가 착용한 가방이나 신발을 보고 육감적으로 환자의 경제적 수준을 가늠하는 경우가 있는데, 환자의 경제적 수준을 가늠하는 일이 환자를 차별하려는 의도로 이용되어서는 안 된다. 반대로 무딘 육감으로 환자에게 수치심이나 상대적인 박탈감을 주지 않기 위해서 경제적 수준을 가늠해 보는 안목을 기르는 것은 좋다.

경제적인 여유가 있을수록 마음에 여유가 있다. 그래서 상담자의 이야기를 충분하게 듣고 선택을 하거나 상담자의 선택에 의존하여 결정하는 경우도 있다.

바쁘고 경제적 여유가 있는 사람에게 중요한 것은 시간이다. 시간 약속을 철저하게 지키고 진료 과정에서 예정된 수순을 밟아가서 기간을 지킬 수 있어야 한다. 약속된 서비스를 위해 충분한 대가를 지불하였으니 그 약속을 성실하게 지켜주어야 한다고 생각한다. 상황과 치료여건이 맞으면 상담동의까지 수월한데 오히려 진료 완료 시점까지 약속을 지킬 수 있도록 섬세하게 준비해야 한다.

경제 수준이 중산층 이상의 경우 예의와 격식을 중요시하지만, 사적인 이야기를 본인이 원하지 않는 경우 물어보지 않는 것이 좋다. 절제되고 정돈된 서비스를 준비해라. 약속된 이상을 하려고 하거나 계약된 이상의 서비스를 제공하는 것도 필요하지 않다.

　반면 스스로 서민이라고 여기는 환자의 경우 안타까운 것은 비슷한 서비스를 선택하면서도 심리적으로 위축된 모습을 보이는 경우를 볼 때이다. 상대적으로 경제적으로 여유가 있는 환자의 경우 대단하게 다른 서비스를 선택하는 것이 아니고, 한 병원에 내원하는 환자의 경우 벌써부터 어느 정도 구분이 되어 있다.

　그런 경우에는 특별하게 정을 느낄 수 있도록 하는 말과 행동에 더 고마움을 느낀다.

- '커피라도 한잔 타드릴까요?'
- '치료를 위해서는 자제분과 상의가 필요하신가요?'
- '과거에 치료받으신 적이 있으세요?'
- '원장님께서 특별하게 더 신경 써 주셨으면 하는 부분이 있으세요?'
- '병원까지 왔다 갔다 하기 불편하지는 않으세요?'
- '다른데 아픈 곳이 더 있으세요?'
- '더 궁금하시거나 당부하실 말씀이 있으세요?'
- '불편하시면 언제든지 말씀하세요.'

## 어떻게 오셨어요?

　최근 환자의 일반적인 특징을 분류할 때 추가한 항목은 통증이 있어 신체의 기능을 회복하기를 원하는 환자와 심리적 사회적 원인으로 현재 상황을 개선하기 위해서 온 환자를 구분하는 것이다.

비보험 진료의 비중이 높은 진료과목일수록 심미적인 욕구로 진료서비스를 받고자 하는 환자의 비중이 높다. 그 욕구가 강할수록 또 진료경험이 많을수록 오히려 상담은 수월하다. 하지만 결과에 대한 개인의 만족과 의학적인 한계에 대한 경계에 차이가 발생할 수밖에 없기 때문에 어려움을 겪는 경우가 종종 있다.

기능을 회복하기 위해 온 환자의 경우 과거의 기능을 회복할 수만 있다면 다른 부수적인 것에 관심을 덜 기울이지만, 개인적인 욕구에 의해 치료를 결심한 경우는 미묘한 차이에 대한 확실한 근거를 마련하고 치료를 시작하는 것이 좋다. 치료 전 상태를 사진으로 기록하고 진단결과에 관한 내용을 설명하고 동의서를 받아 놓는 것이 좋다.

심미적인 욕구가 광적인 환자의 경우는 오히려 Demarketing(치료를 미루거나, 여지를 남겨둠)을 하는 것이 전체적인 과정을 감안했을 때 병원에게 유리할 수 있음을 염두에 두는 것이 좋다.

## │ 신환기록지의 재발견

요즘처럼 개인정보에 민감한 시기에도 본인의 신상명세를 거부감 없이 제공하는 곳이 병원이다. 최소한 이름과 주민등록번호, 연락처는 쉽게 받을 수 있다.

의료보험 가입 여부와 진료예약일 알림과 진단결과 통보에 사용하기 위해 위 3가지는 필수적으로 필요하다.

의료법과 개인정보법이 강화될수록 신환기록지의 내용이 점점 더 많아지고 있다.

물론 환자보다는 병원의 필요에 의해서 그 항목이 늘어나가고 있지만, 내용이 병원상담과 마케팅에 얼마나 중요한지에 대한 안목을 갖지 않으면 환자들만 괴롭히는 역할밖에 하지 못한다.

| 성함 | | 주민번호 | – |
|---|---|---|---|
| 집 전화 | | 휴대전화 | |
| 주소 | | | |
| 가장 불편한 곳은 | | | |

〈간단한 신환기록지의 예〉

비교적 간단한 내용의 신환기록지이다. 여기에 병원의 크기나 운영 형태에 따라 내원경로를 추가해 마케팅 효과를 측정하거나 마케팅 계획을 하는데 사용하는 경우가 있다. 과거 병력이나 현재 복용하는 약물을 적는 것을 추가해 혹시 발생할 수 있는 의료사고 예방을 위해 정보를 수집하는 경우가 있다. 기타 원하는 치료범위나 소개받은 사람의 성함을 묻기도 하고, 개인정보활용 동의내용을 신환기록지에 함께 첨부해 사용하는 경우도 있다.

개인적으로는 가급적 최대한 간단한 내용의 신환기록지를 선호한다. 신환기록지를 성실하게 적어주는 경우도 있지만, 불편해하거나 복잡하게 여기거나 때로는 불쾌한 감정을 내색하는 환자도 있기 때문에 위 내용에 병원 마케팅 상황에 따라 내원경로 정도만 추가하여 사용하는 것을 선호한다. 부족한 인적사항은 치료를 시작하면 하나씩 채워나갈 수 있다.

앞에서 살펴본 환자의 일반적인 특성 이외에 신환기록지를 통해서 환자에 대해 알 수 있는 요소들은 무엇이 더 있을까?

## 주소(Address)
· · · · · · · · · · · · · · · ·

요즘은 환자에게 우편물을 발송하는 일이 없는데도 불구하고 주소를 묻는 것이 비합리적이라고 이야기하는 직원도 있고, 환자들도 뭐 보내 줄 것도 아닌데 주소까지 적어야 하느냐고 묻는 사람들도 많이 있다.

상담자는 주소에서 환자의 무엇을 탐색해야 할까?

병원의 입지조건을 파악했다면 주소를 보고 환자의 생활 수준을 유추해 볼 수 있어야 한다. 병원 주변의 주거형태를 파악하고 인근에 거주하는 환자의 주거지를 파악하면 환자를 배려하고 상담시간을 줄일 수 있다.

주변에 임대아파트가 있던 병원에 있었다. 임대아파트에는 형편이 어려운 분도 살지만, 은퇴 후 노부부가 사는 경우도 있고 장애가 있는 분들도 살고 있는 경우도 많았다. 그런 경우 다양한 치료법이나 재료를 이야기해 치료를 결정하기 불편하게 하는 것보다는 상황을 고려하여 편하게 선택할 수 있도록 설명하는 것이 좋다.

주택이나 아파트 오피스텔 또는 요양원이나 실버타운이 있기도 하고, 집 주소가 아닌 직장 주소를 쓰는 등 개인에 따라 성향을 파악할 수도 있다.

강남 등 시내에 있는 경우 주소를 보고 환자를 배려할 수 있는 방법은 예약이다. 지방이 주소인 경우 오전 일찍 예약을 잡는 것보다는 거리에 비례하여 차편이나 이동 거리를 생각해 너무 이르거나 너무 늦은 시간은 피하는 것이 좋다.

거주지가 먼 경우 자연스럽게 내원경로를 파악하는 것이 좋다. 병원을 선택하는 가장 중요한 요소 중 하나가 병원의 위치이다. 그만큼 좋은 위치를 잡는 것도 중요하지만, 그럼에도 불구하고 물리적인 거리의 장벽을 넘어 먼 곳까지 환자를 병원까지 찾아오게 한 이유가 있을 것이다. 병원 내부 사람은 모르는 우리 병원의 장점을 알 수 있다.

## 주소(Chief Complaint)

주소는 환자가 병원에 내원하게 되는 가장 큰 이유와 원인이 된다. 이는 상담 과정이나 진단과정에서 가장 큰 단서가 된다.

연령에 따라 주소를 적는 방법이 다르다. 나이가 어릴수록 주소를 구체적으로 적거나 아주 쿨하게 생략한다. 구체적이라는 말은 의학적 표현을 사용한다는 것이다.

예를 들어 임플란트 상담, 성형 상담, 라식 상담, 수면마취 등 용어를 사용하고 내원경로는 인터넷 검색이 많다.

연령이 많을수록 서술형으로 적는 경우가 많다.

'아파서 잠을 한숨도 못 잤다.'

'어제 넘어져서 코가 깨졌어요. 아프지는 않은데 검사해 보려구요.'

주소에서 상담에 활용 가능한 내용은 기능회복이 필요한 것인지 심미적인 욕구를 해결하고 싶은 것인지를 감지하는 것이다.

아파서 등 내용에 통증과 관련된 표현이 있는 경우 가장 빠른 시간에 통증을 해결할 수 있는 과정을 거치고 자세한 상담은 잠시 뒤로 미루는 것이 좋다.

병원에는 상담 프로세스가 있는 경우가 있다. 문진, 진단준비, 검사, 진단설명, 상담, 진료 등의 과정을 거치는 것이 일반적인데, 통증 등 응급한 사항으로 병원에 내원한 환자에게 우리 병원의 원칙을 따라주길 바라는 건 적합하지 않다.

넘어져서 피가 흐르는 사람에게는 일단 지혈이 우선이다. 지금 무언가를 삼켜 숨쉬기가 곤란한 사람에게는 기도를 확보하고 숨을 쉴 수 있도록 돕는 것이 가장 좋은 상담이다.

일단 환자의 필요를 해결한 후 병원의 진료수입과 관련한 또는 환자에게 추가적으로 필요한 사항을 설명한다.

'저희 병원은 환자의 전체적인 상태를 설명한 후 치료를 시작하는 것이 원칙이다.'를 기계처럼 반복하지는 않도록 한다.


성형 상담, 치아교정 상담, 양악 상담이라고 쓴 환자에게는 일단 협조를 구하고 최대한의 검사준비를 한 후 진단을 내리는 것이 좋고, 여건이 허락된다면 상담을 받고자 하는 이유를 자세하게 질문하고 기록하는 것이 좋다. 설명했던 바와 같이 기능보다는 심미와 미용에 관심이 있어 의료기관을 찾은 사람은 20~30대 남녀라면 상담에서 전문성보다는 시술경력이나 시설과 인력구성의 화려함을 먼저 이야기하는 것이 좋다. 치료의 과정보다는 결과를 설명한다.

상담뿐 아니라 마케팅적으로 설명한다면, 과거에는 성형 사실을 감추는 것이 미덕이라며 과거에는 성형 후 2~4주, 성격에 따라서는 몇 개월씩 지인을 만나지 않으면서 '지인들에게 나의 성형 사실을 알리지 마라'고 한마디 남기고 잠수를 탔다.


요즘 세대는 Cool하기 때문에 성형외과나 피부과에 상담가면서부터 SNS에 본인이 곧 변신할 것임을 알리고 다른 사람들의 응원을 바란다. 고객들 사이에서는 '안과 원장이나 원장 가족은 라식수술을 안 한다.' '치과원장은 교정을 안 한다.'는 소문이 나지 않도록 상담자 스스로 치료를 통해 움직이는 사례가 되어 상담을 하는 것이 좋다.

시술경험은 소속감을 느끼게도 한다. 과거에는 학연, 지연이 중요한 연결고리였다면, Cool한 세대는 자신의 취미나 관심사를 공유하는 사람들과의 연결고리를 중요하게 생각한다. 강남의 모 성형외과 상담실장은 실제로 병원 내에서 활동하기보다는 병원 밖에서 하는 상담의 수가 훨씬 많다.

환자의 주소 안에 녹아 있는 숨은 의도를 파악해 환자를 다르게 상담할 수 있다면 성공률은 높아진다.

### 내원경로(어떻게 알고 오셨어요?)

병원의 위치와 규모 마케팅 활동의 적극성에 따라 내원경로에 대한 결과는 다양하다.

아파트나 동네 상권에 개인의원의 경우는 접근성이 좋아서 찾아오는 경우가 많다. 이 병원을 찾은 이유가 가까워서인 경우에는 간판이 가장 큰 마케팅 도구로 활용된다. 가까워서가 찾아온 환자의 경우 주소가 비교적 가벼운 경우가 많다.

- 아침 먹다가 이가 깨진 것 같아요.
- 그저께부터 목이 아프고 자꾸 졸린 것이 감기인 것 같아요.
- 놀이터에서 놀다가 이마가 깨졌는데 흉 생기지 않게 꿰매고 싶어요.
- 침대에서 떨어져서 허리가 안 펴져요.
- 주말에 놀러 갔다 온 뒤부터 자꾸 가려워요.

가까워서 찾은 환자의 경우는 질환이 가볍고 스스로도 심각한 상태가 아니라고 생각하고 있기 때문에 진단결과가 본인이 생각했던 것에서 크게 벗어나지 않으면 동의를 하게 된다.

아무리 가까워서 찾아왔더라도 주변 사람들에서 평소 좋은 평판을 익히 듣고 있던 터라 마침 아팠는데 ○○병원이 생각나서가 아니라 단지 가까워서라고 이야기하는 건 매력적이지 않은 느낌이 든다. 맛은 그냥저냥 하지만 배고픈데 점심시간이 짧으니 한 끼 때우려고 찾은 직장 근처 식당처럼 말이다.

내원경로에 '지나가다'라는 항목이 있다. 우리 병원을 떠올린 것도 아니고 지나가다 병원 간판을 보니 며칠 전부터 불편했던 것이 떠오르고 마침 시간이 좀 되니 들어가서 진단이라도 받아 볼까? 하는 마음으로 우리 병원에 찾아왔다고 하면 환자에 대한 관심도가 뚝 떨어진다. 실제로 지나가다 병원을 찾은 경우에는 상담 중에 약속이 있어 빨리 나가봐야 한다며 자리를 뜨는 경우가 많다.

가까워서나 지나가다와 같이 물리적인 거리와 접근성을 고려해 병원을 선택하는 경우는 이동이 불편한 미성년자나 노약자 또는 근무시간 중 치료받아야 하는 직장인이 대부분이지만, 차츰 줄어드는 추세다.

반면 질환이 심하거나 예상되는 진료비용이 높은 경우 또는 동네의원에서 해결하기 어려운 내용의 치료를 받아야 하는 경우에는 인터넷과 네트워크의 발달을 촉매제로 교통편이 편리해지면서 환자의 이동 가능 거리는 더 넓어졌다.

가까워서 소비하는 의료서비스가 식료품이라며 인터넷 검색이나 지인의 소개로 찾게 되는 경우는 자동차로 비교할 수 있다.

임플란트나 치아교정 라식 양악수술 성형수술 등은 수가가 수십만 원에서 수백만 원을 호가하고 복합적인 치료가 필요한 경우에는 수천만 원을 넘기는 경우도 있다. 복합적인 치료를 가깝다는 이유로 한 곳의 병원에서만 상담을 결정하는 것도 불안함이 있다. 병원치료의 난도가 높아지고 지불해야 하는 비용도 올라가고 인터넷과 네트워크가 발달하면서 물리적 거리에 대한 심리적 부담감을 뛰어넘는다.

따라서 가까워서나 간판 보고 찾아오는 환자에게만 의존해서는 경영이 어려워질 수 있다.

그래서 어느 병원의 위치나 마케팅활동과 관계없이 중요해지는 내원경로가 소개환자이다. 소개환자의 경우 우리 병원을 소개해 준 환자와 소개를 받고 내원한 환자 사이의 신뢰도가 상담의 성패에 크게 영향을 미친다. 소개환자의 경우 동의 확률이 높고 치료의 범위가 광범위하거나 진료수가가 높은 진료인 경우가 더 많다. 소개환자에 대한 마케팅을 전개하는 경우도 많이 있다.

소개로 온 환자의 상담 시 특징은 상담자의 이야기에 집중하기보다는 소개해 준 사람의 이야기를 확인하려고 한다.

예를 들어 '그 병원 싸고 잘해. 한번 가봐'라는 이야기를 듣고 왔다면 정말 싼지, 진료는 잘하는지를 확인하려고 상담자의 말에는 집중하지 못한다. 상담자가 소개환자의 성함을 확인할 수 있으면 꼭 소개자의 차트와 우리 병원과의 히스토리를 익히고 상담에 들어가는 것이 좋다. 성함을 확인할 수 없다면 '감사하게도 저희 병원을 소개해주셨네요. 어떤 말씀을 해 주셨나요?'라고 환자에게 직접 확인해 보는 것이 좋다.

소개환자들을 위한 진료프로세서를 고민하면서 농담으로 '콩 심은 데 콩 나고 팥 심은 데 팥 난다'는 속담을 예로 이야기를 나눈 적이 있다. 많은 경우 '자신의 시술 경험이 있는 병원에 대해 본인이 받은 진료 내용을 소개한다.' 그래서 진료비 할인을 주요 마케팅 활동으로 전개하게 되면 한번 내려간 진료비를 회복할 수 없게 된다.

'○○병원 저렴해서 나는 ○○원으로 치료했으니까 한번 가봐'라고 소문이 나고 주변 사람의 이야기를 듣고 온다면 상담자는 그 소문이 진실이라는 내용을 확인만 시켜주면 된다.

소개환자는 병원에서 특별하기에 한 가지 Tip을 준다면, 소개해 준 환자와 소개받은 환자의 친밀감의 정도에 따라서도 상담내용이나 치료 동의에 차이를 보이는 것을 볼 수 있다.

그래서 환자 구분을 지인소개와 가족소개로 나누어 분석해 보았다.

가족의 소개로 내원한 경우에는 비교적 가벼운 치료와 검진을 하는 경우가 많고 전체치료 동의보다는 CC만 해결하는 경우가 많다. 소개로 온 환자를 대상으로 진료할인이나 추가적인 가치를 제공하는 경우나 소개를 해준 환자에게 진료비 배려를 하는 경우 같은 것이다.

당부하고 싶은 것은 우리 병원을 소개해 준 분에게도 전화/문자, 방문 시 구두인사 등 모든 방법을 동원해 잊지 않고 감사의 표현을 꼭 해야 한다. 상담자의 노력을 반으로 줄여주었을 뿐 아니라, 그분들은 병원의 숨은 공신이다.

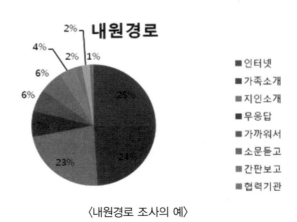

〈내원경로 조사의 예〉

내원경로 그래프를 살펴보면 소개환자가 가족소개와 지인소개로 나뉘어 있는 것을 알 수 있다.

분류한 이유는 두 가지 경로 사이에도 특징을 발견할 수 있기 때문이다. 사회적 친분도에 따라 병원을 소개하게 되는 내용과 신뢰도에 차이가 있다. 가족소개의 경우는 가벼운 질환 치료로 시작하는 경우가 더 많고, 또한 전체치료보다는 부분 동의가 더 많았다. 반면에 지인소개의 경우 비교적 중대한 치료를 하는 경우가 많고, 상담내용에 대한 전체동의가 가족소개보다 상대적으로 높게 나타난다.

이러한 현상은 가족 중 한 사람이 '○○병원 괜찮더라 가봐.'라고 소개했을 때 소개해 준 사람은 가볍게 추천을 해주고 소개받은 사람도 가벼운 마음으로 병원을 찾게 된다. 마음에 들지 않은 경우에는 가족끼리는 거절이 가능하다. '○○병원에 가봤는데 별로던데?'라고 말할 수 있는 친밀감이 형성되어 있기 때문이다.

지인 소개의 경우는 처음 소개해주는 계기가 다르지만, 좀 더 중대한 질환에 관해 소개를 해주고 소개의 말을 전할 때도 확실하다 싶지 않으면 소개를 해주고도 망신을 당할 수 있기 때문에 더 큰 확신이 있을 때 소개의 말을 꺼낼 수 있게 된다. 특히 지인소개 환자의 경우 전체동의율과 연령대를 비교했을 때 40대 이상이 높은 것으로 관찰되는 것을 미루어보았을 때 **사회적 신용**이 서로 간에 발생하였음을 알 수 있다. 소개받은 병원을 거절하는 것은 소개해 준 사람을 거절하는 것으로 받아들일 수 있기 때문에 치료에 쉽게 동의를 하고 소개자가 말한 내용이 사실인지는 치료를 받으며 검증을 하게 된다.

인터넷을 보고 내원한 환자의 비율은 조사하는 월에 따라 다르고 병원의 위치나 진료과목에 따라 거의 대부분을 차지하게 된다. 인터넷을 확인하고 내원한 환자의 경우 상담 과정에서 반응은 매우 다양하게 나타나지만, 분명한 것은 소개로 내원한 환자와 비교하였을 때 상담 과정에서 매우 불안한 행동을 보인다. 포털사이트에 무슨 단어를 검색했는지는 주소(CC)를 보면 알 수 있다.

치과의 경우 방학 시즌이 되면 인터넷 검색을 통해 내원하는 환자들이 늘어나는데 20, 30대가 사랑니 발치를 원하는 경우가 많다. 이들은 개인의원에서는 발치가 어려운 사랑니만 발치할 뿐 다른 치료는 가깝거나, 원래 다니던 병원에서 하는 경우가 많아 부분치료 동의율이 높다. 그런 경우 상담자는 물론 상담시간에는 최선을 다해야 하겠지만, 시간과 노력을 분배하여 사용하는 연륜을 보여주어야 한다.

&lt;2022년 新 병원상담의 모든 것&gt;
스마트폰의 보급으로 이동하면서 검색이 가능해진 요즘은 다양한 경로를 통해서 소개받고 검색한 후 병원을 선택한다. 검색으로 얻은 정보가 충분하다고 생각하면 바로 치료를 결정하고, 포털 사이트에서 바로 예약을 하거나, 병원 소개 어플리케이션에서 예약을 한다.
검색 정보가 많을수록 정보에 대한 신뢰도가 높고 리뷰가 좋으면 상담자에게 궁금한 점이 적고 원하는 치료에 대해 진료를 시작하는 빈도가 높아지고 있다.
따라서, 상담자는 포털사이트, SNS, 병원 소개 어플리케이션에 환자 한 분과 마주 앉아 상담을 진행한다는 마음으로 정보와 자료를 공유해 두어야 한다.
과거에 마케팅 영역으로 분류되었던 인터넷 온라인 관리가 투명성과 진정성에 대한 요구가 높아지고 검색이 가능해지면서 상담자의 영역으로 확대되고 있다.
병원과 환자에 대해서 제대로 파악하고 있는 담당자의 섬세한 고객경험설계가 필요해졌다._한국보건의료상담협회 병원에 처음 방문한 환자에게 내원경로를 물어보는 병원이 많아지고 있다. 이는 마케팅활동에 대한 평가를 하는 이유도 있고 또한 향후 마케팅활동에 대한 전략을 세우기 위해서이기도 하다. 내원경로 관리에 대해 두 가지 당부를 하고 싶은 것은 첫째, 병원의 위치나 진료과목 또는 환자의 주소(CC)가 건강보험진료포함 진료 내용이거나 비보험 진료일 때 내원경로는 각 병원의 환경에 따라 다른 양상을 보일 수 있으니 직접 조사 분석해 보고 환자들의 특징을 파악하는 것은 물론이고, 환자 유입 경로의 패턴을 알고 있어야 한다는 것이다. 내원경로는 가장 확실한 상담의 근거 중 하나이다.

두 번째는 내원경로를 관리하는 업무가 상담자의 업무가 아닐 수 있지만, 환자의 병원 유입경로를 다양하게 관리하라는 것이다.

인터넷 검색과 협력기관을 통해 온 환자의 경우는 앞서 살펴본 병원 마케팅 활동의 결과이지만 이 둘의 차이를 본다면 인터넷을 광고비의 지출과 비례해 증가하고, 협력기관의 경우는 일단 진료비 배려를 전제로 진행이 되기 때문에 전체적인 진료수입은 증가할 수 있지만, 순이익은 줄어들 수 있다. 반면 다양한 환자층을 병원에 지속적으로 유입시킬 수 있는 방법이기 때문에 중요하게 관리되어야 한다.

반면 가족소개와 지인소개, 소문은 우리 병원의 진료경험을 기반으로 하기 때문에 상담자의 피로를 덜어 줄 뿐 아니라 병원의 안정적인 수익 기반을 마련해 준다. 입소문 마케팅의 특징은 효과성과 효율성 두 가지 측면 모두를 만족시킬 수 있다.

간혹 '우리 병원은 작아서 아무것도 할 것이 없어요.'라고 이야기하고 고민하는 사람을 보게 된다. 그런 경우 대부분 가까워서 내원하는 환자가 대부분인데 앞에서 살펴본 우리 병원 분석에서 장소와 간판의 효과가 크다. 하지만 상담자가 노력할 수 있는 부분이 꼭 마케팅 활동을 의미하는 것이 아니라 소개환자를 늘려야겠다고 목표를 세우는 방법도 찾아볼 수 있다.

상담의 분석, 평가항목을 분류해 **자신만의 목표를 세워보자.**
가까워서 내원한 환자는 더 가까운 병원이 나타나면 언제든지 병원을 옮길 수 있고, 고도의 전문성이 요구되는 치료의 경우에는 좀 더 먼 곳에 위치한 병원이라도 또다시 옮기려 할 수 있기 때문이다. 우리 병원의 환자층이 20대 이하와 65세 어르신이 늘고 있다면 이는 환자의 병원 선택의 쏠림현상이 발생하고 있고 우리 병원의 매력 포인트가 없어지고 있다는 증거이다.
따라서 상담자는 내원한 환자를 어떻게 해서든 상담동의로 이끄는 것도 중요하지만, 내원경로를 다양화하게 관리하고 내원환자를 늘리는 것에도 관심을 가져야 한다.

## 신환기록지의 비밀

인구 역학적인 내용으로 환자의 일반적인 특성을 알아보고, 내원경로로는 환자의 기대심리를 관찰할 수 있고 CC를 통해서는 환자의 가장 큰 고민이나 고통을 파악할 수 있는 근거로 활용할 수 있다.
다음은 환자의 성향을 파악하여 같은 CC를 가진 환자에게도 다르게 접근을 할 수 있는 포인트를 찾는 방법에는 무엇이 있을까?
그래서 상담강의에서는 주로 DISC성격 유형검사(개인의 성향이나 품성을 4가지 유형으로 분류하여 분석한 성격유형검사의 하나)를 활용해 강의를 한다. '각 유형에 따라 어떻게 접근하는 것이 효과적인지 참고가 될 수 있다.

　직접 진단을 할 수 있는 것도 아닌데 환자가 어떤 유형인지는 어떻게 **알지?' 상담실장의 관찰습관이 빛나는 순간**이다.

- 그 사람의 행동특성이 있잖아요.
- 그죠. 목소리나 제스쳐 또는 적극성을 보이는 정도에 따라 느끼죠.
- 딱 촉이 올 때도 있고, 옷차림으로 알 수 있지 않아요?
- 옷차림으로는 경제적인 수준을 가늠하기도 하죠.
- 맞아요. 그런데 가끔 그 촉이 빗나갈 때는 오히려 화를 부르기도 하죠.
- 네, 맞아요. 허름하게 입고 말씀도 없으셨는데, 알고 보니 동네에서 알아주는 부자시더라구요.
- 상담을 아무리 오래 해도 조심해야 할 때가 있는 것 같아요.

　눈에 보이지 않는 환자의 성격과 치료에 대한 열의를 어떻게 알 수 있을까? 하고 고민을 하기 시작하면서 새로운 관찰이 시작됐다.

### 감춰진 진실

　신환기록지에서 눈에 보이는 사실이 아니지만, 알 수 있는 것이 있었다. 바로 글씨체이다. 누구나 병원에 처음 방문하게 되면 친필로 이름, 주민등록번호, 전화번호는 기본적으로 적게 된다. 기타 표시해야 할 것이 많이 있지만, 그 내용을 꼼꼼하게 적어 넣는 환자의 특성을 알아보기로 한다. '뭐야! 내가 병원에 왔으면 네가 의사면 그 정도는 알아내야 하는 것 아니야?'하고 말을 최대한 아끼는 환자도 있다.

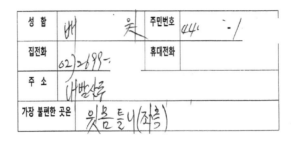

〈신환기록지 1〉

| 성 함 | 배    윗 | 주민번호 | 44.    -1 |
|---|---|---|---|
| 집전화 | 02)2b99~ | 휴대전화 | |
| 주 소 | 바빨산류 | | |
| 가장 불편한 곳은 | 윗몸 틀니(좌측) | | |

〈신환기록지 2〉

| 성 함 | 박   회 | 주민번호 | 71.    -2 |
|---|---|---|---|
| 집전화 | 3661- | 휴대전화 | 010. 2994. |
| 주 소 | 서울시 양천가 서령5동 | | |
| 가장 불편한 곳은 | 오른쪽 이나 치료. | | |

신환기록지 1과 2에서 느끼는지는 공통점과 차이점은 무엇인가? 둘 다 정성스럽게 쓴 흔적이 있다. 1의 경우 필체가 기백이 있고 힘차다. 2의 경우 차분하고 꼼꼼하게 적혀 있다.

실제로 신환기록지 1의 경우 퇴임한 선생님이셨다. 본인이 어떤 치료가 필요한지 알고 있었지만, 은퇴 후 부부가 생활하고 있어서 형편이 넉넉지 않아 불편한 것만 해결하면 좋겠다고 직접 말씀해 주셨다.

신환기록지 2의 경우 어떤 직업을 가진 분일까?

대부분 선생님, 공무원 등을 이야기한다. 맞다! 실제 유치원 원장선생님이셨다. 유치원이 근방에 있어서 유치원 대부분의 일과가 끝나는 5시 이후가 예약하기 좋다고 하셨다. 치료할 것이 많지만 시간 내기가 쉽지 않았다고 말씀하시고 전체적으로 치료받고 싶어 하셨다.

두 가지 예의 차이점은 무엇일까?

글씨체로 외향성과 내향성을 알아볼 수 있다. 1의 경우 본인의 구강 상태나 경제적 상황에 대해 가감 없이 솔직하게 말씀하셨다. 반면 2의 경우 스스로 구강 상태를 부끄러워하고 말을 꺼려 했다. 본인을 드러내는 것을 주저하는 모습이 보였다. 그런 분에게 외향성의 상담자가 다가가 큰 목소리로 '괜찮습니다. 더 상태가 좋지 않은 분도 많이 계세요.'라고 주변 사람들도 들릴 정도로 이야기를 한다면 환자는 상상만으로도 얼굴이 달아오를 것이다.

다음의 신환기록지를 살펴보자.

| 성 함 | 영재 | 주민번호 | 92    · 1 |
|---|---|---|---|
| 집전화 | | 휴대전화 | 010 5504 |
| 주 소 | | | |
| 가장 불편한 곳은 | | | |

〈신환기록지 3〉

앞의 두 가지 예와 차이점은 무엇인가?

신환기록지에 기록하는 환자의 자세이다. 정말 간소화한 신환기록지임에도 불구하고 접수하는 데 꼭 필요한 요소만 적었다. 이러한 환자분을 대할 때 상담자가 주의할 것은 두 가지이다.

약속시간과 결제이다. 예약제로 운영되는 병원이라면 항상 예약부도를 염두에 두고 예약을 잡는 것이 좋다. 욕심을 내려두고 치료와 진료비 결재를 명확하게 안내하고 천천히 진행하는 것이 좋다. 예약을 쉽게 하고 쉽게 어겨서 병원의 자원인 진료시간에 지장을 주었음에도 불편함이나 미안한 감정은 찾아보기 어렵다.

위 환자의 경우 서울로 유학을 온 지방 학생이었다. 부모님께 치료계획을 설명하고 결재를 진행해야 하는 상황이다. 예약 시간을 지키지 않아 3, 4번씩 통화해야 함은 물론이다. 다음에는 1번과 2번 치료를 진행할 예정이니 치료비로 얼마를 준비해야 한다고 사전에 고지하고 만약을 위해 문자로 남겨준다고 이야기하고 문자를 남겼다.

| 성 명 | 곽 권 | |
|---|---|---|
| 주민등록번호 | 761 - 10 | |
| 휴대전화번호 | 010 - 62 44 - | |
| 주 소 | 경기도 부천시 원미구 역곡동 | 301호 |

〈신환기록지 4〉

마지막 예를 살펴보자. 이분의 주소(CC)는 '잇몸이 좋지 않아 브릿지나 임플란트를 해야 하는데, 무서워서 수면치료를 받고 싶다.' 그래서 인터넷에서 수면치료가 가능한 병원을 검색해서 부천에서 일산까지 상담을 받으러 온 환자분이다. 원본이 아니라 어떨지 모르지만, 글씨 자체가 떨리고 흔들려 있었다. 환자는 결국 치료를 포기하고 말았다.

글씨체를 통해 환자의 성격특성을 파악하고, 기록하는 태도에 따라서 행동특성을 파악할 수 있다. 하지만 상담자가 주의해야 할 점이 2가지 있다.

첫 번째는 신환기록지로 환자를 파악하기 위해서 먼저 노력하기보다는 일단은 상담을 끝내고 치료를 하는 환자들의 신환기록지를 다시 찾아보며, 환자를 보는 눈을 기르는 훈련을 먼저 하는 것이다. 신환기록지를 꼼꼼하게 적어 넣은 환자들의 치료과정을 살펴보고 '아! 정말 약속 시간을 잘 지키지만, 세세하게 질문도 많고 궁금한 것이 많아 피곤하구나.'라고 스스로 느끼는 것이다. 또는 반대로 '이분은 왜 이렇게 피곤하고 변명을 늘어놓지?' 등이 궁금할 때 신환기록지를 다시 찾아보아라. 혹시 과거에 병원 경험을 길게 서술하지는 않았는지를 살펴보자. **신환기록지를 관찰하면 환자가 보인다.**

두 번째는 앞에서 살펴본 환자의 일반적인 특징 성별 연령대 경제적 수준 등과 내원경로 CC를 감안하여 살펴보는 종합적인 안목을 기르는 것이다.

꼼꼼한 성격임이 분명한데 현재 경제적 상황이 여유롭지 않다면, 환자는 더 신중해질 수 있다. 이런 경우에 CC가 통증이나 생명과 즉결되지 않는다면 치료를 잠시 미룰 수도 있다. 하지만, 믿을 만한 사람의 소개로 내원했다면 일단 CC 해결에는 쉽게 동의할 수 있다.

이러한 종합적인 안목이 근거기반 상담의 핵심이다. 밑도 끝도 없이 근거 없는 자신감에 사로잡혀 상담을 하다가는 부족한 내공이 드러나게 된다.

환자가 보여주는 모든 단서를 꼼꼼하게 관찰해서 환자 개별적으로 맞는 상담을 진행할 줄 안다면 당신이 상담 甲(갑)이다.

### 환자가 병원을 떠나는 이유

다음 소프트의 송길영 부사장은 빅데이터를 활용해 마케팅 계획을 세우기 위한 시작이 관심이라고 했다. 애정을 가지고 고객에게 관심을 가져야 관찰을 하게 되고 이해를 할 수 있으며 배려를 하고 배려를 해야 애정이 생긴다고 한다.

환자를 관찰하는 행동은 환자를 이해하는 과정의 시작이다. 꼼꼼하게 질문하는 환자의 뒤통수에 대고 '아우 왜 이렇게 까다로워, 진상도 저런 진상이 없네.'라고 말하며 차트에 JS라고 써넣기 전에 상담 과정을 돌아봐야 한다. 내가 환자를 충분하게 이해하고 상담을 진행했는지 아니면 통상적으로 똑같이 대했는지 말이다.

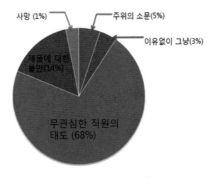

〈고객이 떠나는 이유〉

다른 분야에서 고객이 떠나는 이유를 표로 정리한 내용이지만, 병원도 크게 다르지 않다. 환자에게 조금만 더 관심을 가지고 이해하려고 노력하면 상담이 조금 더 쉬워지고, 환자가 환자에 꼬리를 물고 오는 선순환을 이루게 된다. **'꼬리에 꼬리를 무는 상담의 비법'**

말과 글로는 쉽게 이해되지만, 상담실장도 사람이기 때문에 화도 나고 한계에 직면하게 될 때도 있다. 그럴 때 누군가 나타나 문제를 해결해 주면 좋으련만 여전히 상담실에는 환자와 내가 있고 동의율 하락이라는 명확한 평가가 나를 기다리고 있다.

그렇다면 개인의 한계와 환자의 다양성을 넘어 만능 상담실장이 되기 위해서는 무엇이 필요하고 나에게 부족한 것은 무엇이고 그 능력을 키우기 위해서는 어떻게 해야 할까? 상담자 탐색에서 알아보도록 하자.

## | Powerful Question

환자의 인구 통계적 요소와 일반적인 특성을 알고, 신환기록지를 활용하여 환자의 성향이나 심리상태를 파악할 줄 아는 상담도사가 되었다고 자부하다가도 '뒤통수를 한 대 맞는 것 같은 날'이 있다.

또는 이제 환자의 정보를 동원해 병원 살리는 상담실장의 반열에 오르기 직전일 때 마지막으로 확인을 하고 상담을 진행해야 할 때도 있다.

아무리 찾아봐도 빈틈이라고는 볼 수 없고 도통 본인의 속내를 알 수 없는 사람과 마주 앉아 서로 돌부처처럼 앉아 있을 때도 있다.

도리스 리즈의 《질문의 7가지 힘》의 내용이다.

첫째, 질문을 하면 답이 나온다.
"네", "아니오" 같은 단답형의 폐쇄적인 질문보다는 개방형 질문이 좋다.
"어떻게"라는 단어가 많이 들어갈 것이다.

둘째, 질문을 하면 생각을 하게 된다.
내가 누군지를 알려면 내 자신에게 물어본다.
좀 더 논리적이고 적절하고 대답이 가능한 질문을 상대방에게 한다.
확인질문으로 상대방의 의도를 파악한다.

셋째, 질문을 하면 이유에 대한 정보를 얻는다.
질문을 하지 않으면, 시간을 낭비하고 기회를 놓칠 수 있으며,

다른 사람을 오해하고, 필요한 것을 얻지 못한다.

막연한 질문보다는 구체적인 질문을 하도록 한다.

넷째, 질문을 하면 통제가 된다.

질문을 함으로써 스스로가 변화된다. 자기 자신이나 다른 사람에게 질문하면 감정조절이 되고, 상황을 통제하면서 어떠한 급박한 상황을 진정되게 한다.

다섯째, 질문은 상대방의 마음을 열게 한다.

질문은 관심을 보여주는 것이다.

여섯째, 질문은 경청하게 한다.

질문을 주고 받다 보면 서로 교감의 기회가 생긴다.

귀로 듣고, 눈으로 듣고, 두뇌(머리)로 듣고, 가슴(마음)으로 듣는다.

일곱째, 질문에 답을 하다 보면 설득이 된다.

누군가의 행동을 바꾸고, 무언가를 깨닫고, 기억하게 하고 싶다면 스스로 생각하게 하는 것이 가장 효과적이다.

질문에는 힘이 있다. 병원상담에도 충분하게 활용할 수 있으며, 질문에 대한 중요성을 한 번 더 생각해 볼 수 있는 계기가 되기도 한다.

흔히 병원상담이라고 하면, 주로 환자의 진단결과와 치료법 등을 설명하고 환자의 질문에 답해주는 것이라고 인식하기 쉽지만, 병원상담 과정에서도 질문을 활용해 환자의 Needs를 파악할 수 있으며, 감추고 싶어 하는 병력을 알게 될 수도 있으며, 직접 물어보기 어려운 개인사를 알게 되어 환자와 돈독한 관계(라포: rapport)를 형성하는 데 도움이 된다.

## 시작은 열린 질문으로

법정 영화에서 재판 장면을 보면 닫힌 질문의 예를 찾아볼 수 있다. '그 날 새벽에 당신은 그 장소에 있었습니까?' '그 장소에 간 것은 사실이지만, 시간은…' 그러면 상대편 변호사가 나타나 증인의 말을 가로막는다. '증인 예/아니오로만 대답하세요!!' '아! 예…'로 본인의 의지와는 상관없이 정해진 답을 하거나 한정적인 답변만을 해야 하는 상황을 말한다.

환자에게 추가적인 정보를 수집하기 위해서 열린 질문을 해서 환자의 말문을 트이게 해야 한다.

질문의 7가지 힘에 나와 있는 것처럼 '어떻게를 사용해 질문을 바꾸는 연습을 해보도록 하자.'

---

통증이 있으세요?

⋯ 네/아뇨.

어떻게 불편하셨어요?

⋯ 아! 크게 불편하지는 않은데, 가끔 쑤실 때가 있어서 오늘 마침 시간이 돼서 지나던 길에 들러봤어요.

해석: 한 가지 질문을 했음에도 불구하고 환자의 내원경로와 진단에서 치료까지 할애할 수 있는 시간 제약까지 알 수 있게 되었다.

---

어떻게 아프세요?

- 환자가 한참을 자신의 증상과 상황을 이야기했다면, 정리하는 시간을 갖는다.

⋯ 아~ 3년 전부터 피곤할 때면 아팠다 안 아팠다 했는데, 최근에는 그 통증이 심해지셨군요?

⋯ 네

상담 경력이 쌓일수록 자신과 환자에 대한 확신이 생긴다. 확신의 크기가 커질수록 환자와의 대화에서 자기 생각과 판단을 개입시킨다.

- 아~ 그럼 오늘은 간단하게 소독만 하시면 되겠네요.
- 그렇게 아프신 걸 보니 수술이 필요하시겠네요.
- 저 환자는 보나 마나 우리 병원에서 치료 안 받을 거야.

오랜 경험에서 오는 직관이라는 것이 있기 때문에 그의 생각이 맞는 경우가 많다. 직관에만 의존해서 상담을 하다 보면 새로운 지식에 대해서 둔감하고 방어적 지시적 태도를 보일 수 있다. 직관에서 벗어나면 큰 낭패를 겪게 되는 경우도 있으며, 상담자가 본인의 판단을 개입시켜 이야기했을 때 스스로 주관이 있는 환자의 경우 차단당한 느낌을 받으면서 치료 동의 여부와 관계없이 우리 병원에 대한 기분 나쁜 경험을 지울 수 없게 된다.

전문적인 내용과 본인의 판단을 구분할 줄 알아야 하며, 답변할 때 환자가 사용한 단어를 사용하여 상담자의 의견을 배제하고 질문이 이어져야 환자가 솔직해진다.

때로는 판단의 영역이 직원이나 원장에게까지 미치는 경우가 종종 발생한다.

<판단이 들어간 질문의 예>
오늘 지각한 걸 보니, 어제 늦게까지 마셨구만.
···→ 오늘 지각했는데 무슨 일이라도 있었니?

원장님 저 환자분은 말썽의 소지가 있는데 보낼까요?
···→ 환자분이 말씀이 많으신데 어떻게 할까요?

많이 아프셔서 진통제라도 드셨어요?
···→ 아프실 때 어떻게 하셨어요?

노련한 상담자의 직관은 상담시간을 절약하고 때로는 환자의 마음을 콕콕 집어 알려주니 시원시원한 느낌을 줄 수 있다. 상담자의 경력과 전문성이 느껴져서 환자에게 안정감을 줄 수도 있다.

환자들도 점점 스마트해지고 본인이 원하는 것과 본인에게 필요한 것이 명확하고 합리적이다. 여러 가지 정보를 가지고 있으면서, 상담자와 신경전을 벌일 때도 있는데 그럴 때일수록 열린 질문으로 확인하여 환자의 경계심을 느슨하게 하고 최대한 많은 정보를 알아내는 것이 필요하다.

그 후에 이러이러하셨구나 하고 정리를 하게 되면 환자가 '아니 그걸 어떻게 아셨어요?' 하고 깜짝 놀란다. '조금 전에 직접 말씀하셨잖아요.' 하고 원활하게 상담을 진행할 수 있게 된다.

어떻게를 활용한다.
환자의 이야기 중 환자가 말한 단어를 사용해서 질문을 만든다.
긴 이야기는 한번 정리해서 상담자가 이해한 내용이 맞는지 확인한다.

## 부족한 근거를 확인하는 법

환자에 대한 근거를 최대한 많이 확보해야 환자의 Needs를 정확하게 찌르는 넛지(Nudge: 슬쩍 찌르다, 주의를 환기시키다)를 포착할 기회가 생기고, 환자의 Yes를 얻어 낼 수 있다.

최근은 결혼을 늦게 하거나 결혼할 시기가 지나서도 싱글인 경우가 많은데 여성이나 남성 모두 결혼했을 때와 안 했을 때 소비패턴이나 경제권이 다르고 각자의 Needs가 달라진다. 나이로 보았을 때는 결혼 적령기를 넘겼는데, 다른 여러 가지를 종합해 보아도 결혼의 여부를 알기 어려운 경우가 있다. 그런데 상담자는 결혼 여부만 파악되면 상담이 훨씬 쉬워질 것 같다면 어떻게 해야 할까?

'혹시 결혼하셨나요?'라고 묻는다면, 별 감흥 없이 예/아니오로 대답해 줄 수도 있지만, 결혼을 하고 싶지만 못한 경우라면 큰 실례가 될 수 있다.

필자는 이럴 때 우회적인 방법을 사용한다. '치료 예약을 잡아 드려야 하는데 예약시간은 아무 때나 괜찮으신가요?'라고 묻는다. 그렇게 질문을 하면 '오전에 애들 유치원 보내고 3시에 오니까 그 사이면 좋겠어요.'라거나 '오후 시간이면 좋겠어요.'라고 대답할 것이다. 이때 '그럼 편한 요일은 따로 없으신가요?'라고 한 번 더 물으면 대부분 파악된다.

결혼 여부를 중요하게 보는 이유가 있다.

결혼한 여성의 경우는 소비패턴이 합리적으로 바뀐다. 물론 개인의 경제적인 여건에 따라 다소 차이가 있을 수는 있지만, 그러면 진료비에 민감해진다. 미용이나 성형 치료를 하더라도 좋은 것보다는 좋고 싼 것을 더 원하고, 그것이 충족되면 다른 것은 크게 관여하지 않는다. 신기

하게도 결혼한 여성의 경우 통증에 대한 역치까지 상승하는 것 같다. '남편도 참는데, 통증쯤이야.'

반면 사회적 결혼 적령기를 넘긴 여성에게는 말과 표현에서 주의를 기울여야 한다. 경제 사정이 여유로운 독신 여성의 경우 자신에게 투자를 아끼지 않기 때문에 여러 색다른 치료법이나 무통 치료 또는 부작용이 덜한 치료법을 상담하는 것도 좋은 방법이다.

미혼의 남성은 자신의 건강과 위생에 둔감한 경우가 많고 개인차가 있지만, 의료비 지출보다는 대인관계에 필요한 지출을 먼저 하기 때문에 털털한 차림의 운동화를 신고 통증 해소를 위해 가까운 병원을 찾아온 미혼 남성에게는 질병의 위험성과 방치했을 때 예상되는 결과 등을 과장되게 설명하고 예약제에 대해서도 반복해서 귀에 못이 박히도록 설명해야 한다. 반면 결혼한 남성의 경우 결제 권한이 아내에게 있는 경우가 많기 때문에 환자에게 설명한 뒤 댁에서 상의해야 하는지 묻고 혹시 직접 설명하는 것이 어려우면 상담자가 전화로 설명해 드리는 것이 정확할 수 있다고 설득할 수 있다.

최근에는 상담자가 직관만을 믿고 상담하기에는 위험한 사회적 변화들이 많이 있다. 결혼 적령기가 없어져 소비패턴이 달라지고 있고, 또 이혼가정이 늘고 그만큼 재혼 가정이 늘기 때문에 가족 단위로 방문한 경우도 가족 사이에 분위기를 잘 파악해야 한다. 국제결혼과 노령화의 진행으로 상담자가 적절하게 응대하기 위해서는 환자의 사생활에 대한 단서를 파악할 질문을 적절하게 활용할 줄 알아야 한다.

가족소개나 지인소개로 온 환자분과 소문 듣고 왔다고 이야기하는 환자들은 우리 병원에 대해 어떻게 이야기를 들었을지가 가장 궁금하다. 접수할 때나 진단이 끝나고 상담을 시작할 때 솔직하게 물어보는 편이다. '소개해준 분께서 저희 병원을 어떻게 말씀해 주셨나요?' '뭐 싸고 잘한다고 해서 가보라고 하더라구.'라고 이야기하는 경우에는 소개해준 분의 차트와 상담기록을 꼭 챙겨보는 편이다.

소개 이유가 궁금한 이유는 소개자의 소개 멘트에 따라 환자가 우리 병원에 기대하게 될 것이기 때문이다. 내용이 원장님이 치료를 잘해서인지, 안 아프게 잘 해주어서인지, 진료비가 상대적으로 저렴해서인지에 따라 상담내용과 치료계획이 달라져야 한다. 환자의 기대를 충족시켜 줄 수 있도록 최대한 배려한다.

도대체 우리 병원에 대한 소문이 어떻게 나고 있는지 궁금하다.

과거에 병원이 입지가 중요했다면, 요즘은 **병원의 평판**이 병원의 지속 가능성을 갈음할 수 있는 지표이기 때문이다. 그것이 우리 병원의 브랜드이자 이미지이다.

병원을 대표하는 상담자라면 그 이미지를 가꾸고 이어나가야 할 막중한 임무를 지고 있는 것이기 때문에 환자에게 적절한 질문을 통해 꾸준하게 우리 병원의 평판에 대해 탐색할 필요가 있다.

### 닫힌 질문으로 마무리

열린 질문을 통해 환자에 대해 충분하게 숙지가 되고 상담 과정이 이루어졌다면, 이제 남은 것 환자에게 'YES'를 받아 내고 치료를 시작하는 것이다.

'답정너'라는 말이 있다. '답은 정해져 있고 넌 대답만 하면 돼' 연인과 친구 사이에서 장난처럼 하는 이야기이다. 원장님과 상담자가 간절하게 원하는 답이 있다. 하지만 환자는 쉽게 원하는 답을 주지 않는다.

최종 OK를 위해 닫힌 질문을 사용해 보도록 한다.

말씀하신 것을 종합해 보니, 그동안 외모 때문에 자신감이 많이 떨어지
셨군요?
··· 네.
병원치료를 위해 준비를 해오신 터라, 치료비는 크게 관계없지만, 빠르고
정확한 결과를 원하시는군요?
··· 네.
저희 병원에는 수면치료를 통하면 한꺼번에 치료할 수 있는 시스템이 있
습니다. 개인차가 있지만 1주일 정도면 원하시는 결과를 얻을 수 있으신
데, 치료받으시겠습니까?
··· 네.
마침 오늘 예약 환자분께서 치료를 연기하셨는데 오늘부터 치료 가능하
신가요?
··· 네.

물론 환자가 아니오라는 대답을 할 때도 있다. 환자는 거부의 메시지
를 표정으로 눈짓으로 행동으로 보였을 수 있지만, 상담자가 눈치채지
못하는 경우도 있다. 비언어적 요소로 신호를 보내기 시작했다면 거꾸로
거슬러 올라가 열린 질문부터 다시 시작한다.

'NO'라고 대답하면 재빠르게 대안을 제시해야 한다. '오늘 바로 치료
를 진행하기 어려우시면, 오늘은 간단한 검사만 받으시고, 일정 확인한
후 예약을 도와 드리겠습니다.'

또는 '오늘 치료를 진행하기 어려운 이유라도 있으세요?'라고 다시 열
린 질문의 과정으로 거슬러 올라가 시작한다.

어떠한 경우에도 '답정너'를 얻기 어려운 환자가 있다. 발끝이나 몸의
자세가 이미 출입문으로 틀어져 있는 환자의 경우는 마음은 병원 밖에

있기 때문에 더 이상 오래 시간을 끌지 않는다.

말로는 '글쎄요'나 '아니요'라고 했더라도 여전히 상담자를 바라보고 있고 상담에 적극적이라면, 이는 '내가 곧 답을 하게 될 것 같은데 더 다른 좋은 건 없어?'라는 제스처이다. 그렇다면 희망을 가지고 다른 이야기로 전개할 가능성이 남아 있는 것이다.

비언어적 상담기법에 대해서는 5장 상담하기에서 좀 더 자세하게 이야기하도록 한다.

닫힌 질문을 많이 사용하는 것은 환자의 마음을 닫게 만들 수 있다. 전통적으로 의료현장에서는 사실을 가지고 이야기가 오고 가기 때문에 닫힌 질문을 하는 것이 전문성을 드러내는 것이라고 생각하고 환자를 압도할 수 있는 방법으로 사용되기도 한다.

최근 환자의 언어로 표현하고 의료현장직원에게도 커뮤니케이션에 대한 교육프로그램이 많아지고 있는 것은 닫힌 질문이 일상화되어 있기 때문이다. 환자의 언어로 공감하며 표현하기 어렵다면, 열린 질문을 하고 환자의 이야기를 그저 경청하는 방법을 써보는 것도 가능하다.

## 질문이 답을 바꾼다

제럴드 파니스와 앤드루 소벨의 책의 이름이다. 책에 대한 아무런 사전지식 없이 제목만 보고 선택했다.

과연 질문 하나로 환자의 대답을 바꿀 수 있을까 하는 마음에 망설임 없이 선택했다.

'내 말만 하느라 상대방을 보지 못했다'라는 구절이 나온다. 장황하고 디테일하게 병원 소개만을 늘어놓다가 결국 환자의 호감도와 관심도, 결정도 이끌어내지 못 한다.

'저희 병원에 대해 어떤 점을 알고 싶으신가요?'라고 물었을 때 '집 근처 병원에서는 치료할 수 없다는데 여기서는 가능한가요?'라고 환자가 이야기를 시작하도록 하면 이야기는 오히려 잘 풀려갈 수 있다.

우리 병원에서 치료를 받다가 최근 치료의 범위가 커지고, 사업이 바빠서 여러 번의 리콜전화에도 내원하지 못하던 중년의 남자 환자분이 있다. 어느 날 전화해서 묻는다. '내가 바빠서 누가 소개해 줘서 집 근처에 있는 병원에 가 봤더니, 얼마에 해준다고 하는데, 어떻게 해야 할지 모르겠네, 한두 푼 차이도 아니고 그래도 치료받던 곳에서 받으면 좋을 것 같은데 이 병원에서 조절이 안 되나?

··· 그 병원이 그렇게 저렴한데도 불구하고 저희 병원에 다시 전화하신 이유가 있지 않으실까요?

중년의 환자는 어떻게 됐을까? 전술한 것처럼 다시 전화를 해 확인하는 건 아직도 우리 병원에 미련이 남아 있는 것이다.

미련이 남아 있는 사람의 마음을 되돌릴 수 있는 강력한 질문을 찾아내서 한 가지 이상의 무기를 보유해보자.

잘못된 질문은 환자를 화나게 만들기도 한다.

수술 다음 날 부기가 심해지자 걱정돼서 전화한 환자에게 일 초의 망설임도 없이 '술 드셨죠?'라고 의심하는 질문을 해버린다. 좋은 질문이 아니다. '당신이 부은 건 우리와는 관계가 없어'라는 뜻이 담긴 방어적인 질문이다.

만약 환자가 만성질환이 있거나 경계성 인격장애 같은 병력이 있다면 불같이 화를 낼 것이다. 환자가 술을 마시고 안 마시고를 떠나 화를 내기 시작할 것이다.

술을 마셨다면 본인의 잘못을 들키기 싫어서였을 것이고, 술을 마시지 않았다면 억울하고 전화 받는 사람의 불손한 태도에 울화가 치밀어서 일 것이다. 전화 받는 사람의 속마음은 이런 게 아니었을까? '난 몰라요, 나는 주의사항 충분하게 설명했는데 나와 병원은 아무 책임 없어요.' 그런 마음이었다면 '술 마셨죠?'라는 질문에 감정이 담겼을 것이다. 전화로도 감정이 드러난다.

'아고 저런 놀라셨을 것 같아요. 혹시 지금 병원에 와 보실 수는 있으신가요? 혹시 기억에 남는 일이라도 있으세요? 원장님께서는 수술이 잘됐다고 하셨는데.'라고 응대했다면 환자의 반응은 어땠을까?

사이토 다카시 교수가 쓴 《질문의 힘》에서 제시하는 좋은 질문의 여섯 가지 유형

- 단순하지만 강력한 직접 질문
- 정보의 정확성을 간파하는 확인 질문
- 동일한 정보를 얻기 위한 반복 질문
- 완전한 정보를 얻기 위한 연속 질문
- 상대방에게 생각할 기회를 제공하는 요약 질문
- 상대방의 마음을 여는 일탈형 질문

좋은 질문이라는 것은 결국 환자가 본인의 필요를 느끼고 편안하게 느껴야 한다. 상황에 따라 좋은 질문 6가지를 자유자재로 구사할 수 있다면, 상담 성공 확률이 높아짐은 물론이고, 환자의 컴플레인은 줄어들고 환자의 충성도는 높아지는 현상을 경험하게 된다.

그것이 질문의 힘이다.

사람이 온다는 건
실은 어머어마한 일이다.
그는 그의 과거와 현재와
그리고 그의 미래와
함께 오기 때문이다.
한 사람의 일생이 오기 때문이다.


— 정현종, 〈방문객〉 중에서

# 나는 누구? 상담실장은 누구?

## ▌병원 살리는 상담실장의 조건

'병원 살리는 상담실장의 조건'을 묻는 질문에 해답은 쉽다. 효과성에만 치중해서 병원경영원리를 설계하고 상담 과정을 그린다면 무조건 환자를 진료의자에 앉히기만 하면 된다. 높은 성과만 올리고 성공률과 진료수입이 우상향으로 올라가면 이외에 부작용에 대해서는 책임을 물어보지 않는 관행으로 환자 컴플레인과 언론보도 등 많은 시행착오를 겪는 병원이 생겨남에도 불구하고 몇몇 병원은 할인과 상담성과와 진료수입의 무한루프에서 나오지 못하고 있는 것 같다.

인센티브만을 염두에 두고 상담을 한다면, 개인적인 재무적 성과에는 도움이 된다. 그렇다면 환자들이 어떻게 치료를 받고 있는지 상담내용은 약속대로 진행이 되고 있는지 관심을 가질 필요도 없다. 다만 환자가 병원상담과 치료내용에 대해 문제 삼지만 않는다면 말이다.

하지만 병원을 살리는 상담실장은 조금 길게 보고 말과 행동, 태도를 결정하는 것이 좋을 것 같다. 먼저 '병원을 살리는 일'이 '집안을 살리는 일'이라고 여기는 것이다. 집안까지는 아니더라도 스스로의 직업적 성장을 이루는 길이 병원 성장을 돕는 것에 있다고 확장된 사고를 하는 것이다.

불만이 있는 실장님도 계실 것 같다.

- 그렇게 열심히 일해 봐야 아무도 알아주는 사람이 없다고요.
- 환자를 위하는 것이 병원을 위하는 것이라 생각하고 일하는데, 원장님 은 하나도 도와주지 않으세요.
- 우리 병원은 원장님이 다 알아서 하셔서, 기회가 안 생겨요.


같은 불만의 목소리가 나온다.

충분하게 공감이 가는 이야기이고 해결해 주고 싶은 책임감이 쌓이지 만, 대부분은 그런 핑계를 대고는 개인적인 노력도 게을리하는 모습을 볼 때면 안타깝다.

'내가 했던 대로 상담을 하는 이유는 원장님이 알아주지 않기 때문이 야'라고 공부를 게을리하는 이유를 밖에 두고 자신이 성장할 시간을 흘 려보낸다. 전문성을 키우는 일은 원장님과 상담과 관계없이 환자와의 약속인데도 원장님이 안 하니까 나도 안 한다는 무계획을 계획처럼 이 야기하는 모습을 보면 답답하다. 원장님을 이유로 상담 공부를 게을리 하면 **배울 것 없는 원장님과 계속 일해야 할 수도 있다**는 생각을 해보았 나요?

때로는 열심히 상담했더니 진료실 직원이 상담내용을 살펴보지 않고 치료를 진행해서 환자가 화를 내며 진료실 직원을 원망하고 있다면 환 자는 누가 책임지고 사태는 누가 수습해야 하는가? 상황이 나아질 것은 하나도 생기지 않는다.

일본 3대 경영의 신 이나모리 가즈오는 이렇게 말했다. '옳은 일을 옳은 방법으로 해결할 수 있는 방법을 찾아라.' 사태를 넋 놓고 바라보고만 있 고 원장 탓 직원 탓 환자 탓만 하고 있기에는 내 시간이 너무 아깝다.

이 순간 '환자와 병원을 위해 내가 할 수 있는 가장 빠르고 가장 최선 의 일은 무엇인지를 생각해내고 행동하는 것'이 병원 살리는 상담실장이 할 일이다.

그렇다면, 위기의 순간 갖추어야 할 상담실장의 조건은 무엇이 있을까? 전문성과 경험 리더십과 전달력 병원구성원 간의 의사소통 능력 등을 이야기한다. 모든 능력이 한 사람에게 모두 있지 않을 뿐만 아니라, 모든 능력이 한꺼번에 필요한 것도 아니다.

그래서 개인이 상담실장에게 필요하다고 느끼는 것과 그렇게 필요하다고 생각은 하지만 스스로 느끼기에 본인이 갖추고 있는 것과 부족한 점을 알아볼 수 있도록 설문에 응답해 보자.

| 다음 중 상담실장에게 필요한 업무 역량 중 가장 중요하다고 생각하는 3가지를 체크해 주세요 | | | | | | | | | |
|---|---|---|---|---|---|---|---|---|---|
| ☐ 전문성<br>☐ 친밀감<br>☐ 전달력(말주변)<br>☐ 환자를 압도하는 음성(카리스마)<br>☐ 환자 공감능력<br>☐ 병원 경영감각(병원트렌드)<br>☐ 상황대처능력(임기응변)<br>☐ 병원 구성원과의 팀웍(커뮤니케이션 능력)<br>☐ 자기관리(자기통제력)<br>☐ 진료수입관리 능력(미수금관리/ 미내원 환자관리) | | | | | | | | | |
| 다음 중 상담실장의 역량 중 현재의 정도를 표시해 주세요. | | | | | | | | | |
| 전문성 | ① | ② | ③ | ④ | ⑤ | ⑥ | ⑦ | ⑧ | ⑨ | ⑩ |
| 친밀감 | ① | ② | ③ | ④ | ⑤ | ⑥ | ⑦ | ⑧ | ⑨ | ⑩ |
| 전달력(언변.말주변) | ① | ② | ③ | ④ | ⑤ | ⑥ | ⑦ | ⑧ | ⑨ | ⑩ |
| 환자를 압도하는 음<br>성(카리스마) | ① | ② | ③ | ④ | ⑤ | ⑥ | ⑦ | ⑧ | ⑨ | ⑩ |
| 환자공감능력 | ① | ② | ③ | ④ | ⑤ | ⑥ | ⑦ | ⑧ | ⑨ | ⑩ |

| 병원경영감각(병원트렌드) | ① | ② | ③ | ④ | ⑤ | ⑥ | ⑦ | ⑧ | ⑨ | ⑩ |
|---|---|---|---|---|---|---|---|---|---|---|
| 상황대처능력(임기응변) | ① | ② | ③ | ④ | ⑤ | ⑥ | ⑦ | ⑧ | ⑨ | ⑩ |
| 병원구성원과의 팀웍 (리더십) | ① | ② | ③ | ④ | ⑤ | ⑥ | ⑦ | ⑧ | ⑨ | ⑩ |
| 자기관리(자기통제력) | ① | ② | ③ | ④ | ⑤ | ⑥ | ⑦ | ⑧ | ⑨ | ⑩ |
| 진료수입관리 능력 (미수금관리/미내원 환자 관리) | ① | ② | ③ | ④ | ⑤ | ⑥ | ⑦ | ⑧ | ⑨ | ⑩ |
| 상담동의율 상승과 우리 병원 환자의 만족도를 위해 우리 병원이 개선해야 할 것은 무엇입니까? | | | | | | | | | | |
| | | | | | | | | | | |
| 상담동의율 상승과 우리 병원 환자의 만족도를 위해 내가 노력해야 할 것은 무엇입니까? | | | | | | | | | | |
| | | | | | | | | | | |

표의 내용을 하나씩 살펴보도록 하자.

## 나는 전문인이다

첫 번째 문항 상담실장의 역량 중 가장 많은 득표를 한 것은 전문성이다. 반면 2번 현재 자신의 역량에 대해 주관적으로 평가하는 전문성의 평점은 10점 척도에 6.4를 나타내고 있다. 전문성 향상을 위해 주로 선택하는 방법은 강연이나 세미나 참석 등을 꼽고 있다. 기타로는 독서와 병원 내 커뮤니케이션 활동 즉 원내 세미나나 회의시간을 꼽았다. 환자가 병원에 기꺼이 진료비를 지불하는 이유는 전문성 때문이다. 적어도 의사나 간호사가 본인보다는 본인이 앓고 있는 질병과 치료법에 대해서 더 잘 알고 있을 것이라고 믿고 의지하고 있다는 증거이다.

상담자의 전문성은 임상적인 내용과 기타 지식으로 나눌 수 있다. 우선 환자의 성향이나 심리상태를 이해하고 대응할 수 있는 심리학적인 내용을 공부하는 것은 매우 유용하다.

심리학을 전공하는 사람과 같이 깊게 공부할 수 있지만, 사람의 마음의 공통점과 차이점, 그리고 고객과 환자의 차이를 아는 것은 도움이 된다. 진화심리학/인지심리학(뇌과학)/행동심리학/임상심리학 관련한 내용은 환자의 감정, 태도, 행동을 이해하는 데 도움이 된다.

- 팔짱을 끼고 의자에 기대어 앉아 있는 걸 보니, 나와 병원을 경계하고 있구나. 그렇다면 치료과정과 진료비에 대한 직접적인 설명보다는 환자의 상태와 그동안 겪었을 불편함 또는 개인적인 이야기를 통해 친밀감을 형성하고 경계심을 풀어야겠다.
- 팔짱을 풀고 테이블 가까이 몸을 기울인 것을 확인하니, 어느 정도 경계심이 누그러졌구나. 그럼 이제 조금씩 본론으로 들어가도 되겠다.

환자가 보이는 행동을 해석할 수 있는 능력을 기를 수 있다.

심리학을 통해서 환자에 대한 이해의 폭을 넓혔다면, 시사상식에 관심을 가지는 것이 좋다. 정치 경제와 같은 무거운 주제가 아니더라도 사회나 문화 연예 취미 등 심리학을 통해 이해하게 된 환자와의 관계의 끈을 더욱 단단하게 만들 수 있는 대화를 이어갈 수 있도록 상식의 폭을 넓혀가는 것이다.

최신 의료 트렌드에 대해서 관심을 갖자. 병원의 진료과목이 아니더라도 사물인터넷을 활용한 헬스케어나 유전자은행 등 건강 의료 헬스와 관련된 기사를 가끔 검색해 보는 정도면 충분하다.

같은 업계에 새로운 정책은 어떤 것이 있는지 정도는 파악하고 있어야 한다. 환자들 중에는 본인이 알고 있는 것을 자랑하고 싶어 하는 사람이 있다. '7월부터 법이 바뀐다는데 그러면 치료비가 좀 싸지는 것 아니에요?'하고 묻는데 '아?! 그건 원무과와 상의해 보세요. 저희는 상담만 하지 그건 잘 모릅니다. 라고 이야기하는 일은 없도록 하자.

〈표 1〉을 보면 우리 병원은 건강보험청구 비중이 낮거나 없으니까 나와는 관계가 없다고 생각할 수 있지만, 단순히 국민건강보험 공단에 지급한 다빈도 급여 상병만을 보는 것이 아니라, 지급한 질병의 상병명이 바뀌고 있는 것을 볼 수 있다. 부동의 1위는 호흡기 질환이다. 우리가 흔히 병원에 방문하게 되는 감기 등이 원인이 된다. 2004년까지만 해도 치아우식증이 치은염 치주질환보다 상위였는데, 2006년부터 치은염 치주질환의 순위가 올라가고 있는 것이 무엇을 의미하는지 의문을 가져보는 것이다.

치아우식증은 충치를 이야기한다. 충치는 문화병이라고도 하는데 충치를 집중해서 보는 30대 이전까지는 충치의 발생률이 높다. 하지만 30대 이후가 되면 잇몸병이라고 하는 치주질환의 비중이 높아진다.

(단위: 명, 백만원)

| 순위 | 상병명 | 진료인원 | 급여비 |
|---|---|---|---|
| 1 | 치은염(잇몸염) 및 치주질환 | 433,560 | 42,906 |
| 2 | 본태성(원발성)고혈압 | 346,871 | 179,267 |
| 3 | 급성기관지염 | 343,587 | 30,576 |
| 4 | 등통증(배통) | 271,162 | 95,114 |
| 5 | 2형당뇨병(인슐린-비의존당뇨병) | 233,537 | 209,670 |
| 6 | 위염 및 십이지장염 | 223,527 | 23,226 |
| 7 | 무릎관절증 | 207,541 | 127,961 |
| 8 | 위-식도역류병 | 200,134 | 32,754 |
| 9 | 알러지성접촉피부염 | 173,644 | 11,161 |
| 10 | 혈관운동성 및 알러지성비염 | 173,293 | 12,666 |

주) 지급기준, 순위는 진료인원 순

〈2020년 의료급여통계연보〉

그렇다면 질병의 순위가 바뀐 것은 우리나라의 인구구조가 바뀌고 있다는 것을 의미한다. 고령사회로 급속하게 변해가고 있는 것이다.

2020년부터는 코로나19 전염 예방을 위한 건강 관련 이슈가 크게 부각되고 있다.

중년의 성형, 치아성형, 라식/라섹, 노안수술, 관절염 등 어르신들의 상담 건수가 늘어나는 것은 우연이 아니다. 상담자가 어려워하고 에너지를 많이 쏟게 되는 상담 중의 하나가 고연령 환자이다. 당신이 하고 싶은 이야기를 먼저하고, 듣고 싶은 이야기만 듣고 돌아가시고는 재내원할 때는 까맣게 잊고 오신다. 어렵고 고된 상담의 길이 아닐 수 없지만, 꼭 가야 할 길이 되어 버렸다.

그렇다면 고령화가 병원에는 어떤 영향을 주게 될지 의문이 자연스럽게 생긴다.

노안라식, 안티에이징, 65세 이상 노인임플란트 급여화 확대 등은 그냥 생겨난 변화가 아니다. 병원이나 정부의 고령화를 위한 대비책이다.

이 비율이 전 세계 중 대한민국이 1위인 것 외에 어떤 점을 찾을 수 있을까? 나라와 문화에 따라 차이가 있겠지만, 피부에 대한 비중이 높은 걸 알 수 있다. 점을 빼거나 보톡스 주름살 시술이 높은 것은 고령화 현상이 반영된 대안들이다. 중년층 이상에서 미용과 성형에 대한 관심이 늘고 있다고 추정할 수 있다.

최근에는 피부과와 성형외과뿐만 아니라 치과 한의원에서도 다이어트와 미용 심미 치료에 대한 진료과목을 늘리고 있다.

다양한 상식에 관심을 가지게 되면, 상담 과정에 필요한 커뮤니케이션 능력과 전달력이 향상된다.

점을 좀 없애야겠다고 고민하고 있는 찰나에 필자의 어머니가 아는 분이 싸게 점을 잘 빼주는 병원이 있다며 알아봐 주겠다고 하셨다. 일주일 정도 지나서 어머니가 명함을 한 장을 주셨는데 'ㅇㅇ항문외과'라고 적혀 있어서 크게 웃은 적이 있다.

항문외과에서는 어떻게 점을 빼는지 궁금해서 방문했다. 얼굴을 양 옆으로 훑어보고는 필요한 곳에 마취크림을 바르고 대기실에 앉아 있게 했다. 15분 정도 지나 진료실로 안내되고 간단한 설명을 들은 후 중요 부위 수술용 $CO_2$레이저로 얼굴에 있는 점을 태워버렸다.

'기왕이면 다홍치마'라는 속담이 있듯이 꼭 미용이나 심미적인 이유로 치료하는 게 아니어도 최대한 예쁘게 잘 하겠다고 이야기하는 것이 좋다. '아유 안 아프기만 하면 되지 뭐' '튼튼하면 되지 뭐'라고 말하는 환자에게 '그래도 기왕 돈 들이고 힘들어서 받는 치료인데, 모양도 신경 써서 봐 드릴게요'라고 이야기하면 일부러 마다할 사람은 없다.

## 가까이 가까이 더 가까이

원장님께 질문한 적이 있다. '원장님은 의료인에게 전문성이 더 중요하다고 생각하세요, 친밀함이 중요하다고 생각하세요?' 지금은 대답하기 곤란하다고 말씀하셨다. 그리고 앞으로 한 3~5년 더 일하고 답해주시겠다고 했다.

병원마케팅을 전문으로 하는 회사의 관계자분이 질문을 하신다. '진료는 정말 기가 막히게 잘하는데 성격이 불같은 의사랑 사람은 정말 좋은데 진료 솜씨가 보통인 의사 둘 중 누가 더 훌륭한 의사일까?' 의료인의 전문성과 친밀감에 대한 생각은 각자가 다를 것이다.

《닥터, 좋은 의사를 말하다》의 저자이자 의사인 아툴 가완디의 5가지 제언 중 첫 번째 제언은 '**대본에 없는 질문을 던져라**'이다. '당신은 수술이 필요한 질병을 가지고 있습니다' 말고 고향은 어디인지, 형제 관계는 어떻게 되는지에 대해서 물어보라고 한다.

우리의 일은 낯선 이에게 말을 해야 하는 직업이다. 그들에 관해 한두 가지 알아보면 어떨까? 이러한 관계를 맺는다고 환자의 병이 저절로 좋아지거나 밥이 나오거나 빵이 나오는 것은 아니다. 하지만 사람들을 잘 몰라 그 사람이 그 사람인 것 같은 대신, 만나는 사람을 일일이 기억하게 된다.

이런 말을 한 하버드의대 베테랑 외과의사인 아툴 가완디가 본인의 수술실에 은사를 모신 이유는 무엇일까?

아툴 가완디는 다른 외과의사들처럼 철저한 훈련을 거쳐 의대를 졸업한 후부터 혼자 힘으로 기량을 발휘하여 우수한 실력을 인정받고 있었다. 하지만 몇 년이 채 되지 않아 수술 기량이 한계점에 달하는 느낌에 봉착했다. 주위에서는 자신의 능력에 대해 의구심을 갖는 그를 이해하지 못할 정도로 그의 수술 실력은 완벽했다.

하지만 그는 은사인 로버트 오스틴을 수술실로 모셨다. 은사의 피드백을 받고 싶어서였다.

오스틴이 지켜보는 가운데 가완디가 수술을 진행했다.

수술은 항상 그랬던 것처럼 문제가 없었다.

오스틴 박사는 피드백에서 몇 가지를 지적했다. 환자의 몸에 위치를 잡는 일과 환부를 제외한 부위를 가리는 실력이 기대에 미치지 못했다는

아툴 가완디의 이야기를 알게 된 날 그의 책을 구입해 읽으면서 느낀
것은 환자에게 친밀감을 표시하는 가장 큰 노력은 전문성을 지속적으
로 높이는 자세로 보일 수 있겠다는 생각을 했다.

### "병이나 질환이 아니라, 사람을 공부하자."

전문성은 환자를 향한 친밀함을 전제했을 때 가장 빛을 발한다. 전문
성은 충분한데 말문이 막혀서 환자에게 다가가지 못하겠다고 호소하는
사람들이 있고, 마음먹고 하려면 할 수는 있겠는데 손발이 오그라들어
서 못하겠다는 사람도 있고 환자에게 잘 보이려고 억지로 하는 것 같아
부자연스럽다고 말하는 사람도 있다.

친밀감은 환자에 관한 관심에서 시작된다. 그럼 환자를 이해하게 되
고, 이해를 하고 나면 행동은 저절로 따라온다.

보통 사람들끼리 친해지기 위해서는 밥을 같이 먹고 잠을 같이 자고
목욕을 같이 하라고 조언한다. 환자와 밥을 같이 먹을 수는 없지만, 작
은 선물로 호감을 표시할 수 있다.

소아과에 가면 캐릭터 비타민 같은 것을 구비해 놓거나, 치과에서는
작은 완구를 준비하는 경우처럼 말이다. 앞에서 말한 손난로도 마찬가

지 손난로라는 물건을 전달하는 것이 아니라 환자를 향한 관심이 따뜻함으로 전해질 때 더 빛을 발한다.

남자가 여자의 환심을 사기 위해 가장 많이 하는 행동 중 하나가 선물공세이다. 그 환심을 누구에게나 똑같이 보인다면 어떨까? 여자는 선물만 받고 남자의 마음은 받고 싶지 않을 것이다.

선물뿐 아니라 환자 개개인에게 특별함을 선사하려고 노력하는 것이 필요하다.

영화 〈패치 아담스〉를 보면 주인공이 의대생이 되어 회진을 도는 장면이 나온다. 학생들을 지도했던 의사나 다른 학생들은 환자들을 '209호, 당뇨환자'라고 부르며 단지 자신이 치료하고 공부해야 할 대상으로 보지만, 패치는 한명 한명의 이름을 불러주는 등 환자 이전에 인간으로서 먼저 다가가고 대하는 모습을 보인다. 환자들의 소원을 들어주기도 한다. 풍선을 마음껏 쏘게 해줌으로써 노인의 소망을 이루어 줬고, 다른 사람들이 아무리 권해도 밥 먹기를 거부하는 케네디 여사에게는 병원 마당에 국수를 한 가득 마련해 주어 자유롭게 뛰어 놀게 하여 그녀가 평생 마음속에 간직했던 소망을 실현시켜 준다.

이 영화의 실제 주인공인 게준트하이트의 헌터 아담스가 인터뷰한 내용을 보면 그는 환자를 친구처럼 대한다고 한다. 시한부 인생을 살고 있는 환자에게 내가 더 이상 당신을 위해 해줄 것이 아무것도 없지만, 당신의 죽음에 함께할 것이라고 손을 잡고 진심으로 이야기한다고 한다.

그렇다면 환자 개인에게 맞는 관심과 이해의 표현은 어떻게 하는 것이 좋을까?

환자와 병원과의 사이에 매번 드라마틱한 상황이 생겨나는 것이 아니다. 일상에서 소소하게 환자와의 관계를 돈독하게 만들어가는 것이 필요하다. 가장 먼저 하는 것이 환자의 이름을 기억하는 것이다.

다음으로 환자와 상담자의 공통점을 찾는 것이다. 환자의 고향이나 출신을 탐문해 상담자의 경험과 연결하는 행동을 하기도 한다.

이러한 기법을 심리학에서는 유사성의 효과(Similarity Effect)라고 한다. 서로 비슷한 점을 갖고 있는 사람들끼리 끌린다는 심리학 이론으로 사람은 자신과 비슷한 사람을 좋아하는 본능적인 성향이 있으며 자신과 연관이 있는 것에 끌리는 경향은 인생에서 중요한 다른 결정에도 영향을 미친다는 것이다.

특히 가치, 신념, 나이, 성별 등 개인적인 특징을 공유하는 사람들의 행동을 따를 가능성이 가장 크다. 특히 사회심리학자들은 '이름'처럼 자신과 미묘하게 연관된 것들에 특별히 긍정적인 느낌을 받는 경향이 있다고 이야기한다.

이러한 유사성의 법칙을 이용한다면 환자와의 친밀감 형성이 쉬워질 뿐 아니라 진료가 두 배로 쉬워진다. 하지만 주의할 점은 환자가 의식하지 못하도록 자연스럽게 해야 한다는 것이다.

성격이 급한 외향형의 환자는 그만큼 말도 빨리 하는 경우가 많다. 너무 빨라서 말이 생각의 속도를 따라가지 못해 말을 더듬는 상황이 발생하기도 한다. 성격이 급한 환자에게는 반복해서 질문하거나 꼬리를 무는 질문을 하는 것이 적절치 않다.

성격이 급한 환자의 템포를 늦추기 위한 필자의 노하우는 질문을 하는 것이다. 그래서 환자가 생각의 맥을 잠시 끊고 상담자의 질문에 빠져들게 하면 말의 속도도 느려진다.

"내가 그 병원에 다닌 기간이 얼만데, 이제 와서 갑자기 안 좋아졌다고 해! 그동안 오라면 오고 가라고 하면 가고 했는데 갑자기 치료할 게 더 있다고 하면 그 병원에 대한 믿음이 싹 사라지면서 정나미가 뚝 떨어지더라고, 그동안 내 치료비는 또 얼마인데?"라고 병원을 옮겨서 우리 병원까지 오게 된 이유를 흥분한 어조로 20분씩 말씀하시고 있다면 어떻게 해야 할까?
'저희 병원에서 앞으로 어떨 것 같아서 찾아오셨어요?'
'아 그야~~~...'

시간과 공간이 허락한다면 환자의 이야기를 정성스럽게 끝까지 경청하며 들어주는 것이 가장 좋은 방법이다. '메이요클리닉'에서는 의사의 문진에 40분 이상을 할애하여 환자와의 교감을 최대한 이끈다고 한다. 대부분의 진료 현장은 그렇게 여유롭지 못하다면 질문을 사용하여 환자의 이야기의 주제와 시점을 과거에서 미래로 가져오는 것이다.

반면 성격이 차분하고 진중한 환자들은 말하는 것 역시 힘을 주어 천천히 하는 경우가 많기에 속도가 느리고 중간중간 침묵이 흐를 때도 있다. 초보 상담자는 침묵의 시간을 견디기 어려워한다. 어색하고 무슨 말을 해서 지금의 분위기를 해결해야 할지 안절부절못하는 경우가 있다. 이런 상황에서 침묵을 깨고 효과적으로 상담을 이어가는 방법에는 무엇이 있을까? 방금 전의 상담의 맥락에 따라 다소 다를 수 있지만, 환자에게 선택지를 주는 것이 좋다.

마음속에 생각하고 있는 것이라도 있으신가요?
⋯ 아니요.
지금까지 드린 말씀 중 궁금하신 점이라도 있으신가요?

닫힌 질문을 통해서 이야기의 주도권을 가져오고, 자신을 표현하는 것이 서툴거나, 감추는 것에 익숙한 환자에게 서술형 답이 나오기를 바라지 말고 대답을 강요하는 언어와 행동은 주의해야 한다. 사실과 객관적 증거를 들어 이야기를 하고 중간중간에 '여기까지는 궁금한 점이 있으신가요?' 하고 상담자의 이야기에 집중하고 있는지 확인한다.

반면 무언가 닫힌 목소리를 내며 경계하는 눈빛으로 주변을 둘러보면서 상대를 응시하지 못하고 이야기를 하는 환자는 한층 더 유심히 관찰할 필요가 있다.

이외에도 일방적으로 자기 이야기만 늘어놓는 환자, 부정적인 어휘를 많이 사용하는 환자, 도무지 들으려고 하지 않는 환자는 배려심이 부족하거나 치료결과에 대한 기대가 부정적일 확률이 큰 만큼 설명이나 설득, 동의를 구하는 데 있어 더욱 주의가 필요하다.

방법의 하나는 꼭 상담실장만이 상담을 담당하는 것보다는 환자와 성향이 비슷한 병원구성원이 상담하거나 상담을 돕는 것이 동의율 향상에 도움이 된다. 아무리 베테랑 상담자라도 개인적으로 어려운 환자가 있기 마련이다. 이럴 때 끝까지 책임을 지기보다는 환자와 어울리는 상대로 상담자를 바꾸어보는 것도 좋은 방법이 될 수 있다.

친밀함이 환자와의 치료결과를 좋게 하고, 관계를 지속시킬 수 있는 중요한 요소라는 것은 이론의 여지가 없지만, 지나친 친근감의 표시가 화가 되는 경우가 있다.

경제 수준이 높거나 특수한 직업을 가지고 있는 경우 본인 노출을 꺼리고 사생활을 중요하게 여기는 환자에게 친밀감을 표현하기 위해 무엇이라도 해보겠다고 자꾸 무언가를 권하거나 하는 행동은 그것이 호감에 의해서 시작된 행동이라고 해도 불편할 수 있다.

이제 막 상담을 시작했거나 병원코디네이터를 시작해 전문성은 좀 약하지만 직업을 대하는 열정이 높은 경우 두드러지게 나타나는 현상이다. 아무리 초긍정 마인드를 가진 환자라고 할지라도 본인의 병력과 흡연습관 등을 공개적으로 큰 소리로 이야기하고 싶은 사람은 없을 것이다. 더군다나 사생활을 존중받고 싶은 내향형 환자에게 친밀함을 무기로 진격해 당당하게 병력과 습관 등을 확인하는 것은 삼간다. 상담 과정도 마찬가지이다. 과장된 형용사나 제스처는 최소한으로 자제하라.

절제되고 준비된 태도로 응대한다. 친절 이상을 베푸는 것이 오히려 화가 될 수 있으니 주의하고 환자에게 필요한 치료를 약속된 시간에 완료하는 것이 환자의 환심을 사는 길임을 명심해야 한다.

## ▎우리 사랑 영원히(신뢰 형성을 위한 상담기법)

'신뢰'를 주제로 워크샵을 기획하게 되었다. 처음에는 크게 느껴지지 않았지만, 워크샵 날이 다가올수록 알 수 없는 압박감에 시달려야 했다. 그래서 사전적 의미를 찾아보았다.

신뢰: 굳게 믿고 의지함

그래 신뢰를 쌓아야지, 신뢰 관계가 확실하면 환자의 충성도도 높아지고 내원율도 높아지고 입소문까지 기대할 수 있잖아. 그렇다면 신뢰를 쌓기 위해서는 어떻게 해야지?

> ···➤ 각 지점에서 신뢰 형성을 위해 하는 실천사항에 대해 수집해 보니, 충분하게 설명하기, 멸균/소독 게을리하지 않기, 환자와 눈 마주치면 내 환자가 아니어도 인사하기, 진료 전 손 씻기 같은 게 있었어.
>
> 이런 건 너무 기본적인 것들인데 왜 안 되고 있는 거야? 그렇다면 기본적인 것만 잘해도 신뢰가 쌓이나? 신뢰와 관계된 속담에는 뭐가 있지?
> ···➤ 공든 탑이 무너지랴/믿는 도끼에 발등 찍힌다.
>
> 질문을 계속하다 보니 한 가지 마음에 걸리는 것이 있었다.
> ···➤ "환자가 우리를 굳게 믿고 의지하고 있다면, 우리는 당당한가?"
> 나와 우리를 굳게 믿고 의지하는 환자에게 **부끄러움 없는 진료와 환대**로 맞이하고 진실하게 대하고 있는지 자신이 없어졌다.

워크샵의 주제는 점점 깊어졌다. 환자가 병원을 또는 상담실장을 굳게 믿고 의지한 근거는 이러하다. 병원에 오기 전에 주변 사람들에게 우리 병원에 대한 평판을 듣거나, 인터넷을 조사해가며 수없이 많은 병원 중에서 결정하게 되었을 것이다.

그리고는 접수를 하고 상담을 하고 '그래 이 병원을 믿고 내 몸을 맡겨도 되겠구나' 하고 소중한 돈을 흔쾌하게 내는 것으로 환자의 병원에 대한 신뢰를 표현하는 것이다.

처음에 각 지점에서 제출한 신뢰 구축을 위한 안건을 보고 놀랐다.

아니 그렇다면 지금까지 어떻게 진료하고 있었다는 말인가?

• 환자가 대기실에 앉아 있으면, 잘 모른다고 그냥 지나치고
• 과정에 대한 설명 없이 본인의 치료만 묵묵하게 하고

- 가끔 멸균이 의심되는 기구나 재료를 사용해 치료하고
- 진료 전 손 씻기를 게을리하지는 않았는지

**신뢰란 결국 작은 약속을 지키는 것**에서 시작한다고 결론지을 수 있을 것 같다.

## 상담실장의 딜레마

상담을 진행하는 실장들과의 아침 회의시간에 환자관리에 대한 이야기를 나누고 있었다.

> '재상담을 위해서나 환자 관리 차원에서 각 담당자가 환자에게 꾸준하게 연락해야 하는 것 아니야?'
> '자꾸 연락 드리면 속물처럼 보일까 봐 자주 연락 못 하겠어요.'
> '그쵸 임플란트나 교정환자에게 치료계획 확인하고 치료를 미뤘을 때 생기는 부작용을 설명하다 보면 기분이 좀 그래요. 환자가 귀찮아 할 것 같기도 해요.'
> '저도 예전에 그래서 모든 환자에게 다 전화나 문자를 했어요. 그중에서 골라서 하다 보면 좀 찔리더라고요.'

약속을 지키는 것이 병원의 신뢰도를 향상시키기 위해서 좋은 것 같은데, 리콜해 놓고 보니 과거에 불만고객이거나 보증기간을 1주일 앞둔 분인지도 확인해야 한다.

병원에서 상담실장의 역할과 위치는 어디쯤일까?

고객/환자  상담자  병원/성장
외부환경  내부환경

　꾸준한 신뢰 관계를 형성해야 하는 이해관계자들이 너무 많아 어렵
다. 때로는 신뢰의 내용이 서로 충돌한다.

　한 달 결제금액 총액이 목표성과에 도달하면 전 직원이 같이 꽤 큰
성과금을 받을 수 있는 제도를 시행하던 때 4개월 연속 성과를 달성하
다 보니 연차가 낮은 직원들은 개인의 월급에 비해 성과금 금액이 많았
다. 직원들이 나에 대한 충성도도 달라졌다.

　각자의 업무도 자발적으로 열심히 하고 상담환자가 대기하고 있을 때
는 상담에 집중할 수 있도록 모든 일을 알아서 하기 시작했다. 얼마나
아름다운 장면인가. 그러나 능동적이고 자발적으로 업무에 몰입하는 모
습에 흐뭇한 기분도 잠시, 이제는 상담할 때마다 직원들 얼굴이 하나씩
떠올랐다. 환자를 위한 상담보다는 성과급과 직원들을 위한 상담이 되
어가고 있는 것 같았다.

　또 한번은 원장님이 외출했다 늦게 돌아오시는 바람에 대기시간이 길
어져서 '갑자기 응급환자가 발생해 늦어져 죄송합니다.'라고 둘러대거나,
갑작스러운 휴진에 '세미나 참석 관계로 휴진하게 된 점 양해 바랍니다.'
라는 안내문 한 장을 남기고 진료일을 준수하지 않은 기억도 있다.

　그렇게 환자와의 신뢰 관계에 조금씩 금이 가게 두어야 했을까?

## 상담실장은 피노키오

'소목장이인 제페토 할아버지가 시장통에 까불거리고 굴러다니던 재롱둥이 말썽꾼 통나무를 다듬어 인형을 만들었는데, 그 인형의 비밀은 만재푸오코(인형극단 주인)로부터 받은 금화의 행방에 대해 파란 머리 요정에게 거짓말을 했을 때 처음 나타난다. 요정은 "거짓말에는 다리가 짧아지는 거짓말과 코가 길어지는 거짓말이 있는데, 네 거짓말은 코가 길어지는 거짓말이었구나."라고 말한다. 거짓말을 하면 코가 길어지는 인형의 이름은 피노키오이다. 피노키오는 온갖 우여곡절을 겪다가 결국 사람이 되어 제페토 할아버지와 행복하게 살았다.'

- 2달 안에 끝난다면서 벌써 몇 달째야?
- 나보다 늦게 온 사람이 왜 먼저 들어가는 거야?
- 뭐야 바뀐 게 하나도 없잖아!
- 왜 자꾸 치료한 곳이 아프지?
- 실장! 이 아가씨가 돈을 더 내라는데!
- 흔적도 없을 거라더니 아파서 참을 수가 없어!
- 예전 병원 못 믿어서 이 병원에 왔는데 뭐야 다른 게 없잖아?

약속을 지키지 못할 때마다 피노키오처럼 코가 길어졌다면, 어떻게 됐을까?

같은 수술내용이나 진단결과에 일반적인 상담을 진행하다 보면 90% 이상의 환자는 별 무리가 없지만, 소수의 환자들에게 탈이 나게 된다. '2주 정도면 상처가 아물어요.'라고 했는데 고름까지 잡혀 고생하는 환자도 생겨난다.

코가 커질 대로 커져 버린 상담실장으로 남아야 하는 것일까?

피노키오도 풍랑을 만나고 고래 뱃속에도 들어가는 큰 모험을 하고 거짓말하는 습관도 고치고 사람이 되는 해피엔딩으로 끝났다.

신뢰를 유지하기 위해서는 어떻게 해야 할까?

## 환자와의 상호작용

고속도로 휴게소는 각자가 목적지는 다르지만 운전 중에 쌓인 피로를 풀고 화장실을 이용하기 위해 잠깐 들리는 곳으로 인식되었다. 휴게소의 서비스와 위생상태가 불량한 이유는 자동차를 타고 지나가는 사람이 잠시 들르는 곳이라고 생각해서인 것 같았다. 다시 만날 일 없음!! 미리 정을 떼려는 것 같았다.

사람들이 이용하는 고속도로를 이용하는 목적과 목적지가 매번 비슷하기 때문에 지나는 길은 늘 지난다. 경쟁 휴게소가 늘어나면서 요즘은 블로그에 휴게소 '맛집'과 휴게소별 주유비를 알려주는 곳도 있다. 공공화장실 중 최고는 휴게소 화장실인 것 같다. 휴게소도 서비스가 진화하고 있다.

## 만나야 할 사람은 또 만난다

살면서 누군가를 딱 한 번만 만나야 한다면 그에게 어렵게 약속하거나 잘 보이려고 노력하지 않을 것이다. 이해관계가 없다면 '언제 한번 봐요.'라고 말하며 헤어졌더라도 약속 같은 건 중요하지 않다. 하지만 계속 만나야 하거나 계속 만날 수밖에 없는 사이라면 즉 이해관계가 얽혀있다면 어떨까? 약속을 지키고 신뢰를 쌓아가는 일은 무엇보다 중요하다.

모든 사람에게 친절해야 하지만, 에너지를 나누어서 사용해야 한다면 우선순위가 달라진다.

세계적인 경영구루인 필립 코틀러의 《Market 3.0》에 보면 이런 구절이 나온다.

'시장과 소비자가 변화해온 까닭에 마케팅 역시 진화해왔다. 1.0시장에서 마케팅은 거래 지향적이었다. '판매 방법'에만 초점을 맞췄다는 의미이다. 2.0 시장에서는 관계 지향적이 되어 소비자가 다시 돌아와 더 많이 구매하도록 만드는 방법에 집중했다. 3.0시장에서 마케팅은 회사의 제품 혹은 커뮤니케이션 개발에 소비자의 참여를 이끌어내는 쪽으로 이동하고 있다.'

상담에 대한 발달단계를 아래와 같이 정의한 적이 있다.

| | 상담의 변화 | 주요 상담도구 | 상담자의 역량 |
|---|---|---|---|
| 1 | 전문성 | 진단결과/치료결과/치료방법 진료수가 등 | 상병명과 치료법 치료계획에 대한 이해와 조리 있는 설명 |
| 2 | 친밀감 | 라포형성/환자공감/환자의 니즈파악 후 전문적인 설명으로 이어짐 | 진료 외적인 서비스의 개념 도입, 태도와 이미지 메이킹, 보이스트레이닝 |
| 3 | 신뢰확보 (약속이행) | 친밀감형성+전문적인 설명 치료동의서와 치료보증서 계속관리의 중요성 설명 | 치료보증내용의 약속이행 계속관리&지속적인 관심 병원경영환경재정비 |

아직도 많은 병원상담이 전문성의 단계에서 이루어지고 있다. 대부분의 병원상담과 관련한 강의내용은 2번째 단계에 대한 내용을 주로 다루고 있다. 환자와 라포를 형성하고 환자의 감정에 공감을 표시하라는 환

자 중심 상담 과정을 설계한다.

2와 3단계 모두 환자를 중심에 두고 상담을 설계하는 것에는 같지만, 2과 3의 상호작용이다. 지나친 친절도 이제 부담스러울 수 있다는 이야기다.

현대카드의 황용택 상무는 '카드회사 콜센터 직원이 지나치게 친절한 것이 거북하다'는 고객의 이야기를 반영해 CRM 직원 교육 매뉴얼을 교체했다고 한다.

즉 신뢰 확보를 위해서는 상담 개발과정에 환자를 포함시켜 발전시키는 방향으로 이동하고 있다.

유명 화장품 잡화 체인점은 혼자 쇼핑하길 원하는 고객은 초록 바구니를 사용하도록 하고, 쇼핑에 도움이 필요한 고객은 오렌지색 바구니를 사용하도록 배려했다.

## 예지력 상담

하루가 멀고 환자의 컴플레인이 끊이지 않는 병원이 있다. 환자의 불만 표현은 너무나 당연했다. 심한 경우 욕도 오가고 서로를 고소하는 상황까지 발생한다.

컴플레인의 내용을 곰곰이 관찰한 결과, 치료 이후 눈에 띄는 부작용으로 환자가 불편을 겪는 경우는 단 한 건도 없었다. 대부분이 사소한 약속을 지키지 않아 불만이 쌓이다 보니 분노가 폭발한 것이었다.

사소한 불만이 터지는 일이 반복해서 생기는 걸까? 미리 얘기를 하지 않았기 때문에 발생하는 경우가 80% 이상이다. 대기시간이 길어지거나 치료 후 한동안은 불편한 감각이 지속될 수 있다거나 예상했던 것보다 치료 기간이 길어질 수 있을 것이라고 아무도 이야기해 주지 않아서다.

그래서 가장 먼저 처방한 내용이 '발생할 수 있는 모든 가능성에 대해 환자에게 사전에 합의를 구하라'이다.

- 불안/두려움: 사실, 정보를 공개하면 해결되는 감정
- 분노: 진실을 알아야 해결되는 감정

자신에게 무언가 예상되지 않는 결과가 생기는데 아무도 진실을 말해 주지 않으면 분노한다.

오늘 3시 약속이신데 전 예약환자 진료가 늦어져 10분 정도 대기시간이 길어질 수 있는데 괜찮으시겠습니까? => 사실
치료가 길어지는 이유는 염증이 없어져야 하는데, 원인을 찾고 있습니다. 언제 딱 끝나리라고 기간을 정하기 어렵습니다. => 진실
치료를 마치신 후에는 6개월마다 정기검진을 받으셔야 하는데, 저희가 연락들 드려도 될까요? => 정보
정기검진이 이루어지지 않은 경우 치료보장 기간에 제약을 받을 수 있습니다. => 정보

가까운 미래나 먼 미래에 발생 가능한 문제를 예측해 사전에 환자의 주의를 환기시키고 환자의 의견을 반영한 계속관리계획을 세우는 것이다.

치료내용에 문제가 생겨 방문한 환자에게 '에고~ 그동안 정기검진 한 번 없이 문제가 발생해서 나타나시니 저도 어떻게 손쓸 방법이 없네요.'라고 말하면 분노한다. '정기검진을 몇 번 건너뛰어도 보통 염증이 심해지는 경우는 드문데요. 현재 상태는 이렇습니다.'라고 대응하는 게 바람직하다.

두 번째 처방은 '환자의 불만에 모두 즉각적인 반응을 보이지 말아라.' 이다. 누군가 자신에게 불만을 이야기하면 누구나 방어적인 태도를 보이는 것이 본능이다. 집에서 엄마가 '이거 누가 그랬어?'라고 하면 '내가 안 그랬는데' 하고 반사적으로 자신을 보호한다.

예를 든 병원도 즉각적인 반응을 했지만, 사실만을 말하면서도 방어적인 태도로 이야기를 반복하며 회피했다. 원장은 '이거 내가 일전에 누구한테 지시한 것 같은데, 왜 환자에게 전달이 되어있지 않지?'라고 묻고 그 누군가는 아무도 나타나지 않는다. 이런 상황이 반복되어 온 것 같다. 그러다 보니 직원의 교체도 잦고 다시 환자의 히스토리가 이어지지 않아 환자들의 불만은 더 높아졌다. 진실은 고사하고 사실을 알고 있는 사람이 아무도 없었다.

'잠시만 제가 진료실에 확인하고 말씀드려도 될까요?'

'제가 챠트를 다시 확인하고 말씀드리도록 하겠습니다.'

'치료과정은 원장님께 한 번 더 여쭤보고 다음에 오실 때 말씀드려도 될까요?'

잘 모르는 일을 스스로 모든 걸 즉각적으로 해결하려다 보면 문제가 더 커질 수 있고 모든 책임이 상담자에게 돌아갈 수 있다.

환자의 컴플레인 내용은 '치료 후 아프다.'인데 '상담자의 태도로 화가 났다.'는 어처구니없는 결론이 날 수도 있다. 이때 원인 제공자는 자연스럽게 현장에 없다.

책임을 피하는 변명을 위한 즉각적인 답변은 일단 멈춰라. 스토리를 모르고 답변했을 경우 환자가 알고 있는 내용과 다르다면 불신의 골이 깊어질 뿐이다.

## │ 상담실장은 어려워

무조건 참아야 한다고 말하면 터져 나오는 아우성. '알지만, 원장님이 못하게 해요.' '직원들 눈치가 보여요.' 환자와의 신뢰를 생각하니 원장님이 마음에 걸린다.

원장님과의 신뢰를 우선으로 하자니 직원들이 걸리고, 직원들의 협조 없이는 환자와의 신뢰를 지키기 어렵다.

토크콘서트 '아프니까 실장이다'에 많은 상담실장과 예비 상담자들이 공감을 해주었다.

병원의 규모나 여건이 맞아 상담만을 전담으로 할 수 있는 체계가 아니라면 다르지만 대부분 중소병원 중간관리자는 환자관리는 물론이고 직원교육과 병원경영 세무 약간의 마케팅 업무까지 다양한 업무를 수행할 수 있는 슈퍼 실장이 되어야 한다.

이럴 때 현실적인 선택은 원장님의 의견을 100% 수렴하는 것이다. 그렇게 하면 개인적인 고용은 보장받을 수 있다.

마음 약한 사람은 환자의 컴플레인이 반복되는 상황을 회피하기 위해 이직을 고려한다. 도전의식이 불타는 사람은 대안을 모색하지만 사실 뾰족한 방법이 있는 것은 아니다.

다만, 상담실장으로 오래 일하고 싶다면 다양한 환경에 관심을 가지고 관찰습관과 공부습관을 갖는 것이다. 공부도 하고 관찰도 하고 병원 사람들의 이야기도 들으며 노력하는 모습을 보여주고 도움을 청하는 것이다.

'이 환자는 상담에서 이런 이야기가 오고 갔으니 진료실에서도 특별하게 신경을 써주세요.'

'수술 중에 발생 가능한 상황은 사전에 꼭 말씀해 주세요. 원장님.'

'○○님 정기검진이 필요할까요?'

## 함께 만들어가는 상담문화

유명배우의 브랜드만으로 영화흥행이 보증되던 시절이 있었다. 이제는 인기 스타가 주인공이라도 영화의 구성력과 작품성, 완성도가 장기흥행의 필수요소가 되었다. 예시로 장동건 주연 〈우는 남자〉, 현빈 주연 〈역린〉 차승원 주연 〈하이힐〉은 주인공의 이름이 마케팅의 핵심이었지만 흥행결과는 좋지 못했다.

믿고 보는 배우 '송강호'는 한 시상식에서 '이제 영화제작과정에 제작자 감독 배우 배급사가 한곳에 모여 영화에 대해 이야기하고 완성도 있는 영화를 위해 마음을 합하는 모습이 일반화되어가고 있어 좋다.'고 말했다.

황정민 배우는 '스텝이 차려 놓은 밥상에 자신은 숟가락만 들었을 뿐이다.'라고 수상소감을 밝혔다.

### '상담은 병원 꽃이고, 상담실장은 상담의 주연배우다.'

병원상담도 영화제작현장과 비슷해 보인다. 진단내용이 정확해야 함은 물론이고 상담내용이 진료실에 전해져야 하며, 환자의 진료 현황과 주의사항이 리셉션에 전달되어야 한다.

때로는 에너지가 지나치게 요구되는 환자는 과감하게 포기할 줄 아는 결단력도 필요하다. 그때 병원 내 사람들과의 상호 신뢰가 형성되어 있지 않다면 불가능한 일이 되고 만다.

이럴 때 필요한 건 '난 아닌데.'가 아니라 '그래 내가 무엇을 하면 될까?'이다.

매주 한 명씩 8명의 CEO의 특강을 연속으로 들을 수 있는 기회가 있었다. 그 8명 중 5명의 주제는 사람과 조직문화에 관한 내용이었다. 그 중 2명은 파괴적 혁신과 점진적 혁신에 대해서 강의를 진행했다.

8명 각자 표현방식은 조금씩 차이가 있었지만, 특히 병원은 사람을 사람이 치료하고 돌보는 곳이기 때문에 사람에서 사람으로 끝난다고 해도 과언이 아니다.

문화를 이루는 데는 오랜 시간과 노력이 필요하다.

우리는 누구나 스스로를 정비하고 주변을 다스릴 수 있는 굳게 믿고 의지하는 상담실장이 될 수 있다.

병원 살리는 상담실장의 조건에 대해서는 다음 이야기로 마무리하려고 한다.

## 세상에서 가장 깨지기 쉬운 것

어느 날, 고흐가 창가에 앉아 지나가는 사람들을 보고 있는데, 한 사람이 물건을 포장하는 천으로 만든 옷을 입고 있는 게 보였습니다.
그 사람의 가슴에는 포장용 천으로 사용했던 흔적이 뚜렷이 남아 있었는데 바로 천에 새겨진 글자 때문이었습니다.

'Breakable' (잘 깨짐)
그 문구를 보며 고흐는 자신의 무릎을 쳤습니다.

"아하! 사람은 깨지기 쉬운 존재로구나!"

그리고 그 사람이 자신의 앞을 지나쳐 멀어져 가는 뒷모습을 다시 보았는데, 그의 등에도 글자가 새겨져 있었습니다.

'Be careful' (취급 주의)
고흐는 등에 새겨진 글을 보고 다시 한번 무릎을 두드렸습니다.
"맞아, 사람은 조심스럽게 다뤄야 하는 거야

Part

4

—

관찰습관

사람이 온다는 건
실은 어머어마한 일이다.
그는 그의 과거와 현재와
그리고 그의 미래와
함께 오기 때문이다.
한 사람의 일생이 오기 때문이다.


- 정현종, 〈방문객〉 중에서

# 상담실장의 관찰습관이 병원상담의 질(質)을 결정한다

## ▌관찰의 힘

사막의 장사꾼이 잃어버린 낙타를 찾아 헤매다 한 승려와 마주쳤다. 장사꾼이 승려에게 낙타를 본 적이 있느냐고 물었다. 승려가 대답했다. "낙타는 오른쪽 눈이 안 보이고 왼쪽 앞발을 못 쓰고 앞니가 부러지지 않았나요? 낙타 등 한쪽에는 밀가루를 지고 다른 쪽에는 꿀을 지고 가던 길 아니었나요?" 장사꾼은 다짜고짜 승려를 도둑으로 신고했다. 승려는 재판관 앞에서 말했다.

"낙타가 길 한쪽의 풀만 뜯어먹은 흔적을 보고 오른쪽 눈이 없다는 것을 알았고, 모래에 난 두 발자국의 깊이가 서로 다르니 왼쪽 앞발을 저는 것을 알았고, 뜯어먹은 풀잎의 가운데 부분이 그대로 있으니 앞니가 부러졌음을 알았죠. 또 길 한편에는 밀가루가 흩뿌려져 그 위에 개미가 달라붙어 있었고, 한쪽에는 꿀이 흘러 파리가 들러붙었으니 밀가루와 꿀을 싣고 가던 길인 줄 알았습니다. 하지만 낙타의 앞뒤에 사람 발자국이 없으니 그 낙타는 누가 훔친 게 아니고 길을 잃어 헤매고 있는 게 분명하다고 생각했습니다." 재판관이 되물었다. "당신은 어떻게 그런 걸 다 보았소?" 승려가 대답했다. "잘 관찰했기 때문이죠."

병원상담의 자신감을 불어넣어 줄 수 있는 노하우를 한마디로 정리하면 어떻게 표현할 수 있을까를 궁리를 하던 어느 날 환자탐색에 대한 내용을 쓰고 있을 때 번뜩 생각이 났다.

환자마다 공감을 하기 위해서는 환자를 잘 알아야 하고 그 근거의 기본은 관찰이라는 것을 깨닫게 되었다.

관찰의 힘을 알게 되고 사물과 사람들을 바라보기 시작하니 창의력과 발명, 마케팅과 사람 사이의 관계뿐만 아니라 환자의 공감표현까지도 관찰을 통해야만 가능하다는 것을 알게 되었다.

송길영 부사장은 결과를 예측하고 전략을 세우지 말라고 한다.

어차피 세상은 빠르게 변하기 때문에 예측이 맞을 확률은 매우 낮다. 대신 소비자의 속마음을 읽으라고 하며, 그 단계를 아래와 같이 정의했다.

**'애정'(궁금증)→'고민'(관찰)→'이해'→'배려'→'만족'→'사랑'**

팔려고 하지 말고 소비자의 욕망을 읽어 그들이 살 수밖에 없게 만들어야 한다고도 이야기한다.

우리는 커뮤니케이션을 배우지만, 환자가 공감하는 언어로 이야기하고 아포를 형성하라고 배우지만 정작 공감에 이르는 법을 배우지 못 해왔던 것 같아 아쉬웠다. 공감에 대한 해답이 관찰에 있다고 확신한다.

광고인이자 창의력 강사로 잘 알려진 박웅현 TBWA KOREA 전문임원은 말한다.

그가 쓴 《여덟 단어》는 인생을 대하는 우리의 자세를 자존 본질 고전 견 현재 권위 소통으로 제시했다.

이 중에서 견(見)과 소통에 대한 이야기를 하려고 한다. 그는 유교 경전 중 〈대학〉의 구절을 이용해 견을 설명했다.

'마음에 있지 않으면 보아도 보이지 않고, 들어도 들리지 않으며 그 맛을 모른다.'

이제 막 시작된 연인이 향수를 바꾼 것도 귀신처럼 알아차리고, 지나가면서 이야기한 것을 마음에 담아 두었다, 다음 만남에 선물로 준비한다. 하지만, 연인에게 마음이 없으면 머리 모양이 바뀌어도 알아차리지 못하게 된다.

병원에 마음이 없으면 환자가 줄고 있음을 알아차리지 못하고 오히려 일을 적게 하게 되어 기쁘다. 환자에 대한 마음이 없으면 진료비 결제가 끝난 환자에게는 관심을 가지지 않는다. 관심 없는 대상의 말과 마음은 흘려보내게 된다.

제대로 보지 못한 사이에 소통이 되기를 바라는 것은 바보짓이다.

소통이 안 되는 세 가지 문제에 대해서는,

첫 번째, 서로 다르다는 걸 인정하지 않는다.
두 번째, 상대를 배려하지 않는다.
세 번째, 하고 싶은 말을 제대로 전하지 못한다.

라고 말하고 있다. 견과 소통은 서로 통하고 있음을 알 수 있다. 송부사장의 마음과도 연결되어 있다. 서로 다른 점을 볼 수도 없는데 인정하라니 너무 가혹한 주문이다. 배려는 관심과 소통 후 인정하게 되면 저절로 따라온다.

스티브 잡스는 자신의 창의성이 뛰어난 것은 본질을 제대로 관찰하는 능력이 뒷받침되었기 때문이라고 설명한다.

'무언가를 잘 설계하려면 확실히 이해해야 한다. 본질을 제대로 파악해야 한다. 그저 대충 넘어가지 말고 꼼꼼하게 심사숙고해야 한다. 사람들은 대부분 이런 일에 시간을 들이지 않는다. 창의성의 본질적인 여러 가지를 연결하는 일이다.'

스티브 잡스가 전화의 본질을 본 것이 아니라 전화를 사용하는 사용자의 본질을 바라보지 못했다면 아이폰은 탄생하지 못했을 것이다.

아직 관찰력에 대한 근거가 부족하다면 병원과 의료계에서 관찰의 힘을 찾아보자.

## 지금은 관찰시대

글로벌 제약기업 화이자는 1990년대 중반, 새로운 개념의 협심증 치료제 개발에 돌입했다. 오랜 기간 많은 돈을 들여 마침내 개발을 끝내고 임상실험에 들어갔다. 하지만 임상결과는 기대치에 크게 못 미쳤고, 신약개발은 막을 내리게 되었다.

그런데 실험에 참가했던 중년 남자들이 '부작용'에 대한 아쉬움을 토로하는 바람에 프로젝트는 종결되지 못했다. 그들은 실험기간 동안 미진했던 성생활이 좋아졌었는데, 실험이 끝나고 난 후 다시 원점으로 돌아갔다는 것이다.

개발팀은 그 '느낌'을 관찰하기 시작했다. 협심증 치료제로 개발된 '실데나필'이 심장을 통하는 혈관을 확장시킬 뿐 아니라 성기의 혈관도 확장시키는 부작용을 일으킨 것이다. 이렇게 해서 협심증 치료제 '실데나필'이 발기부전 치료제 '비아그라'로 바뀌는 마술이 이루어지고, 화이자는 공전의 히트상품을 출시한 기업이 되었다.

　관찰력은 예상치 못한 곳에서 힘을 발휘하기도 한다. 또 실수를 관찰하면서도 많은 것을 얻을 수 있다.

## 쓰레기에서 발견한 노벨상

1928년 9월, 플레밍은 런던 세인트메리대학교 실험실의 한 배양 접시에서 포도상구균을 발견했다. 평범한 어느 날의 일상적인 발견처럼 보였지만 사실은 의학의 역사를 바꾼 대발견이었다.

그는 막 오랜 휴가에서 돌아와 한 방문객을 접대하고 있었다. 배양 접시는 곰팡이로 가득했다. 그 시절에는 배양 접시를 깨끗하게 닦아 재사용하곤 했다. 플레밍은 접시 속의 배양 조직이 가치가 없다고 생각해 접시를 살균액 속에 던져 버렸다. 그러면서도 그는 자신이 어떤 일을 하고 있는지를 방문객에게 보여주고 싶었다. 그래서 몇 개의 접시를 살균액 속에서 꺼냈다. 마침 그때 그는 한 접시에서 이상한 것을 발견했다. 곰팡이가 세균을 녹여 버린 것 같은 흔적이 눈에 띄었다. 플레밍은 당시 오염된 배양 접시가 특별하다는 것을 간파했다. 실수로 보였던 일이 종국에는 20세기 가장 혁신적인 약품인 '페니실린'개발의 촉매가 됐다. 페니실린이라는 항생제는 무수한 생명을 구했으며 나중에 플레밍은 노벨상 수상의 영예를 안았다.

　　　　　　　　　　　　　　　－ 폴 슈메이커의 《빛나는 실수》 중에서

　다른 과학자들이라면 플레밍이 인지했던 곰팡이의 이상하고도 흥미진진한 성장을 그냥 보고 지나쳤을 것이다. 플레밍은 천부적으로 호기심이 많고 세균 배양에 몰두해 있었기 때문에 위대한 발견의 주인이 될 수 있었다.

　병원의 가장 중요한 진단 장비 중 하나인 엑스레이의 발견은 어떤가? 뢴트겐이 시작부터 나는 엑스레이라는 것을 발견해서 인류에 지대한 공헌을 하리라고 결심하고 이루어진 발견이 아니다.

지금은 치과에서 많이 사용하는 치아 임플란트를 처음 정형외과 의사가 발견한 사실도 위대한 관찰의 힘이라고 할 수 있다.

여성들이 보너스를 타면 열심히 일한 자신에게 선물로 주는 보톡스는 어떤가? 처음부터 미용을 목적으로 개발된 것이 아니라 근육을 풀어주는 용도로 안과에서 사용한 것이 시초이다. 치과에서는 턱관절 장애가 있는 환자들에게 사용되고, 사각턱을 교정하기 위한 목적으로 사용되기도 한다.

> ## 사소할수록 눈여겨보라
>
> 코난 도일은 에든버러 대학교에서 의학을 공부할 때 조셉 벨 교수로부터 의사로서 갖춰야 할 관찰력을 배웠다. 벨 교수는 환자를 제대로 진단하기 위해서는 환자가 말하는 증세와 그가 보이는 외적인 상태를 세심하게 관찰하는 것이 매우 중요하다고 강조했다. 심지어 환자의 행동거지, 차림새까지도 일일이 관찰해야 환자의 증세를 정확히 진단할 수 있다고 했다. 벨 교수로부터 배운 의사로서의 관찰력은 셜록 홈즈에서 빛이 났다.
> 명탐정이라 불리는 홈즈는 작든 크든 봐야 할 것을 제대로 볼 줄 아는 능력을 갖췄다. 그는 "세상의 모든 것은 해석이 가능하며 그러한 해석을 위한 단서 또한 언제나 존재한다. 단서를 발견할 수 있느냐 없느냐의 문제는 제아무리 작은 것이라 하더라도 그것을 제대로 볼 수 있느냐 없느냐 하는 것과 같다"고 관찰에 대한 생각을 말한다.
> 홈즈의 관찰력을 탄생시킨 작가 아서 코난 도일은 의사였다.
>
> — 송숙희의 《성공하는 사람의 7가지 관찰습관》 중에서

## 생활 속 관찰습관

2003년 제작된 조지 클루니 주연의 영화 〈참을 수 없는 사랑〉에는 변호사인 조지 클루니가 소송을 앞두고 치아미백을 하는 장면이 나온다. 당시 나는 치과에 근무하고 있었지만, 광선을 쪼이는 장면이 치아미백을 하는 장면인 줄 몰랐다. 한참 후에 국내에도 치아미백이 심미적인 치과 치료로 각광을 받기 시작하면서 영화의 장면이 떠올랐다. 그래서 이벤트나 마케팅 계획에도 직장인을 대상으로 한 치아미백 서비스를 기획하기도 했다.

이보다 한참 전인 1992년 작품인 브루스 윌리스 주연의 〈죽어야 사는 여자〉라는 영화에는 두 여자가 한 남자를 차지하기 위해 성형을 거듭하다가 결국은 진정 방부제 미모를 가지게 되어 죽지도 못하는 상황이 되어 서로 파국에 치닫는 영화를 보았다. 그 20년 후 우리나라는 성형공화국이 되었고, 이제는 TV에서 연예인들이 성형 사실을 당당하게 밝히는 것이 대세가 되었다. 요즘은 티 나는 성형을 위해 애를 쓰는 '화성인이 출몰'하기 시작했다.

미디어를 관찰하면 트렌드를 읽을 수 있게 된다. 아쉬운 점은 영화나 드라마에 치과의사는 주로 바람둥이로 그려지는 경우가 많다. 한석규 김혜수 주연의 영화 〈닥터 봉〉이 시작이다.

성형외과의사는 비뚤어진 자아를 가진 살인마로 나오는 경우가 많다. 영화 〈닥터〉나 〈신데렐라〉가 그렇다.

병원에 종사하는 사람이라면 로빈 윌리엄스 주연의 〈패치 아담스〉를 꼭 보기를 권한다. 1999년 처음 보고 4~5번은 보았다. 이후 학교 강의에 사례로 사용하고는 했다. 영화에 대한 별점은 각자의 취향에 맡기도록 하겠다.

여러 책에서 글에 쓸 소재를 많이 얻는 편이다. 《정의란 무엇인가?》로 유명한 마이클 샌들의 《돈을 살 수 없는 것들》이라는 책에는 눈에 보이지 않는 치아의 금을 발견해내 치료하게 만드는 치과를 잔혹하게 표현하고 있다. 2021년 대한민국에서도 일반적인 충치와 금이 간 치아를 진단하는 방법으로 사용되고 있다. 댄 애리얼리의 《거짓말하는 착한 사람들》에도 의료계 이야기가 나와 있다.

강남역을 관찰해 보도록 하자. 출구마다 병원을 안내하는 안내표지판과 화살표가 많고 성형외과 치과 피부과 안과를 안내하는 간판이 한눈에 들어온다. 그중에 가장 눈에 들어오는 간판이나 병원 이름은 무엇인가? 사실 기억에 남는 것은 없다. 다만 예전에는 검정, 파랑, 빨강을 주로 사용하던 간판들이 어느 날 초록과 보라를 사용하기 시작하기 시작했다는 것이다.

그렇게 2호선 강남역을 나와 'CGV' 앞 버스정류장에 앉아 있다 보면 빨강 파랑 버스들이 번호판처럼 달고 다니는 버스 외부 병원 광고가 많이 눈에 띈다.

개인적으로 눈에 들어오는 광고는 mc365와 편강한의원 광고이다. 두 편 모두 재미있는 광고 컨셉이 기억에 남는다.

성형 후 병원에서 나온 사람들을 관찰하면 예전에는 수술 후 모자와 선글라스, 마스크를 착용하고 수술한 사실을 최대한 감추려다 보니 더 표가 나는 해프닝이 있었다. 이제는 간단하게 선글라스만 착용하거나 모자만을 쓰고 나오는 사람들을 관찰할 수 있다.

그만큼 라식이나 성형은 이제 개인이 선택하는 영역이 되었다. 수술 후 바로 집으로 가는 것이 아니다. 친구들과 강남역 인근을 다니며 쇼핑하고 즐긴다.

관찰습관은 실생활에도 유용하다. 4층 병원에서 지하철역을 물끄러미 바라보던 나는 당시 근무하던 병원의 마케팅부가 광고비를 낭비하고 있다는 생각을 하게 된다. 버스 쉘터는 브랜드 광고를 위해 꽤 많은 예산을 쓰고 있었는데 낮에나 밤에나 사람들은 그곳을 별로 바라보지 않고 있는 것을 알았다. 이후 광고계획을 쉘터 대신 옥외 광고를 설치하는 방향으로 교체했다. 옥외 광고의 위치는 버스를 기다리는 사람들이 시선을 가장 많이 두는 곳이다.

지인들과의 대화에서 병원이나 치료법 이야기가 시작되면 최대한 말을 아끼고 대화가 오고 가는 과정을 관찰한다.

'아! 어제 PD수첩 봤어?'

'큰 병원도 믿지 못하겠더라, 마취하다 글쎄 사람이 죽었대. 거기 어느 병원인 줄 알아?'

'소독도 안 한 기구를 재사용하기도 한대.'

'자기들끼리는 나쁘다고들 하는데, 치료비가 싸면 소비자한테는 좋은 거 아니야? 친절하기까지 하던데.'

당시 TV에서 네트워크 병원에 대한 논란이 가열되었을 때 실제 소비자들은 해당 병원에 대해 그렇게 비판적이지 않았다.

'불리하면 지들도 잘하던가? 환자 입장에서는 선택의 여지가 없지 않아?' 하고 갑자기 대화의 화살이 내게로 쏠렸다.

'어? 그렇지 다 일장일단이 있겠지만, 생각했던 것보다 보이지 않는 것들이 더 많아, 단순하게 선택할 일은 아니지.'라고 급하게 대답해야 했다.

보고자 하면 볼 수 있고, 그때는 보지 못할 때와는 다른 세상을 경험하게 될 것이다.

# 병원 속 관찰 이야기

병원을 방문할 기회가 생기면 기꺼이 시간을 내서 방문한다. 시간이 날 때마다 직접적으로 간접적으로 다양한 병원을 경험할 기회를 만든다. 대기실에 앉아서 대기하는 환자의 모습을 관찰하기도 하고 대기실의 가구 배치와 준비된 차의 종류 등을 보면 그곳 코디네이터 팀장의 스타일과 취향을 알 수 있다.

거의 모든 병원에서 구비하는 커피 믹스와 현미 녹차 대신 둥굴레차를 두고 여름에는 아이스티와 아이스커피 믹스를 준비한 최초의 병원은 어디였을까?

얼음 정수기가 보편화되면서 여름에는 환자들을 위해 아이스커피 믹스를 준비했다. 그런데 휴지통을 비우던 중 버려진 컵 바닥에 아이스커피 믹스가 녹아있는 것이 보였다. 우리가 흔히 사용하는 130ml 종이컵에 타서 즐기기에는 아이스커피 믹스의 양이 너무 많아서 바닥에 그대로 남아있었던 것이다. 계속해서 아이스커피 믹스를 이용하기 위해서는 추가적으로 컵을 사용해야 하는데 그건 당시 병원의 자원으로는 어려움이 있어서 일단 철수했다.

지금은 바리스타가 있는 카페테리아를 운영하는 병원과 캡슐커피나 자동 머신을 설치한 병원도 많아졌다.

티테이블에 새로 장만한 둥굴레차를 얼마나 이용하는지 알기 위해 휴지통을 뒤졌다. 현미 녹차보다는 둥굴레차 봉지가 더 많았다. 둥굴레차가 녹차보다 빨리 우러난다는 장점이 있기 때문이다. 대기시간 중 이용하게 되는 차 종류가 채 우러나기도 전에 환자를 진료실로 호명하는 경우가 발생하고 그렇게 되면 환자들 대부분은 마시던 차를 대기실 구석에 두고 진료실 안으로 들어간다. 진료가 끝나고 진료실로 나와 보면 식어 있거나 종이 컵이 흐물흐물해져서 더 이상 마시고 싶지 않게 변해있다.

　이런 관찰습관은 코디네이터나 데스크에서 환자의 접점에 있는 직원이 길러두면 좋다. 자주 오는 환자의 차 이용패턴을 익혀두면 환자에게 먼저 다가가 권해 줄 수도 있고, 대기 중에 신문을 보는지, 신문을 본다면 어느 신문을 즐겨보는지도 알 수 있으면 유용하다.

　각자의 휴대전화로 채팅, 검색, 게임, 동영상 시청이 불편함이 없도록 와이파이 비번은 없애거나 단순하게 하면 어떨까?


　상담의 순서, 병원탐색, 환자탐색, 상담자탐색도 관찰습관에 따라 병원상담의 질이 달라질 수 있다. 상담 과정에 시간이라는 상관관계를 두고 상담자의 미래를 예측해 본다. 관찰습관을 발휘한 상담자의 성장 속도는 남다르다. 관찰습관으로 다져진 상담실장은 강의와 컨설턴트로 활동할 수 있다. 자신의 상담 노하우를 정리해 저자가 될 수 있다. 해 왔던 대로 하던 행동에 궁금증을 품고 관찰하라.

　상담에서 관찰습관은 어떻게 하면 쓸모가 많아질까?

## 칭찬할 때

　'칭찬은 고래도 춤추게 한다.'는 말이 있어서 칭찬을 하려고 하는데 도대체 상대에 대한 칭찬할 내용이 생각이 나지 않는다. 이는 관찰력의 부족이다. 제대로 관찰하면 칭찬할 내용이 풍성해진다.

　칭찬의 법칙에는 여러 가지가 있지만, 병원상담에서 유용하게 사용할 수 있는 것이 **'상대가 중요하게 여기는 것을 칭찬하라.'**는 것이다.

　'상대가 중요하게 생각하는 것'이 어떤 건지 알 수 있는 방법은 관찰에서 나온다.

관찰 노하우를 공유하자면, 자녀와 내원한 부모에게는 자녀를 칭찬하는 것을 진리처럼 여겨도 좋다. 외워라.

경제성장의 둔화와 늦은 결혼 등으로 우리나라는 저출산이 사회적인 문제이지만, 그만큼 부모에게는 자녀가 '금쪽같은 새끼'가 되었다.

자녀가 치료를 받아야 하면 치료를 잘 받고 용감하다고 칭찬을 하고, 자녀가 엄마를 따라와 대기실에서 기다리고 있다면 기다리는 모습이 의젓하고 늠름하다고 잘생기고 예쁘다고 칭찬하면 부모들은 말한다. 자식 입에 먹는 거 들어갈 때하고 다른 사람 입으로 자식 칭찬 들을 때 그렇게 기분이 좋을 수 없다고들 한다.

사람은 누구나 더 중요하게 생각하는 것이 있다. 자신의 몸매를 칭찬받고 싶어 하는 사람, 차를 중요하게 생각하는 사람, 직원이 어제 2시간을 들여 네일아트를 받고 왔다면 한동안은 네일아트가 지워질까 봐 네일아트를 애지중지할 것이다. 그러면 예쁘다고 칭찬해라. 친구가 새로 산 가방이 땅에 닿는 것이 신경 쓰여 가방 놓을 자리를 찾으면 새 가방이 예쁘다고 알아봐 주어라.

원장이라면 병원 일과 환자에 대해서 권태를 느낄 수 있지만, 당신의 병원을 중요하게 생각한다. 병원이 삶의 터전이자 병원과 스스로를 동일시하는 경우가 있다. 병원을 가꾸고 바꾸고 꾸미기를 즐기는 원장님에게는 병원을 칭찬하라.

'병원이 아담하고 따뜻하다.'

'깔끔하고 감각적인 분위기가 세련되었다.'

'직원들이 하나 같이 친절하고 편안해 보인다'고 말해라.

환자가 경제적으로 무리를 해서 치료를 받았다면 치료결과에 대해 칭찬하고 치료과정에서 약속을 잘 지켰다면 성실성과 인내심에 대해 칭찬하라.

'치료과정 동안 많이 힘드셨을 텐데, 예약시간도 잘 지켜주시고 주의사항을 준수해 주셔서 치료를 잘 마칠 수 있었습니다.'

'제가 여러분을 봐 왔는데 환자분처럼 결과에 만족하는 케이스는 드물었습니다.'

사람은 누구나 칭찬받고 싶은 순간이 있다. 오랫동안 고민하다 구입한 명품백을 들고 나온 친구에게 '이거 진짜야?? 짝퉁이지??'라고 한다면 친구는 그날 집에 일찍 돌아가고 싶을 것이다. 또는 내가 모르는 카톡방이 새로 만들어져 내 이야기를 하고 있을지도 모른다.

### 칭찬은 상대가 듣고 싶어 하는 이야기를 하는 것이다.

나의 기준에서는 별것 아닌 것도 상대에게는 중요한 것일 수 있다. 처음 무언가에 도전해서 성공했다면 칭찬을 해주어라.

'수술은 처음이셨을 텐데 잘 참아 주셨어요.'

성격상 칭찬을 못 하겠거든 적어도 비판은 절대 해서는 안 된다.

'원장님 밖에 간판이 좀 밋밋한 것 같아요.'라고 이야기하면 그 이야기를 들은 상대는 본인에 대한 비판으로 받아들인다. 말한 당사자가 아무리 좋은 의도로 병원의 발전을 위해 한 이야기라도 자신이 중요하게 여기는 것은 스스로와 동일시하기 때문이다.

### 공감할 때

상담실장이라면 '환자와 공감대를 형성해서 아포를 형성하라.'는 말을 자주 들어보았을 것이다.

중간관리자라면 직원과 공감대를 형성하고 아포를 형성해서 직원의 주도성을 증진시키고 충성심을 이끌어내라는 말도 들어보았을 것이다. 상대방과 공감하는 것이 중요한 줄은 알겠는데, 도대체 공감은 어떻게 하는지 방법은 잘 모를 것이다.

---

**대추 한 알**

장석주

저게 저절로 붉어질 리는 없다
저 안에 태풍 몇 개
저 안에 천둥 몇 개
저 안에 벼락 몇 개

저게 혼자서 둥글어질 리는 없다.
저 안에 무서리 내리는 몇 밤
저 안에 땡볕 두어 달
저 안에 초승달 몇 날

---

대추는 빨갛고 쭈글쭈글한 무언가 또는 삼계탕 위에 인삼 뿌리와 고명처럼 올려진 빨간 것 정도로 여겨진다. 시인에게는 빨간 대추가 강렬하게 다가온 것 같다. 순간 모진 시간을 견딘 대추 한 알에 공감한 것 같다. 공감은 온전하게 상대의 입장이 되어 그럴 수 있다고 여기는 마음이자 피드백이다.

이는 '마주 보지 말고 같은 곳을 바라볼 것' 역지사지를 넘어 일체화를 의미한다. 강신장·황인원의 《감성의 끝에 서라》에는 이렇게 표현되어 있다.

병원에서 일하면 가장 범하기 쉬운 실수는 원장의 시선으로, 상담자의 시선으로, 간호사의 시선으로 환자를 바라보니 아무리 바라봐도 환자의 마음을 알기 어렵다. 타인의 생각이나 감정을 느끼는 단계는 동정심〉공감력〉역지사지 순서로 전달되는데, 불쌍한 사람에게 동정심을 느끼는 것은 본능의 영역이다. 타인의 감정을 고스란히 느끼는 마음이 공감력인데, 공감력과 역지사지는 학습이 필요하다고 한다.

공감력 향상을 위해 저자가 제시한 방법 중 하나는 상대가 되어 상대의 감정을 적어보는 것이다.

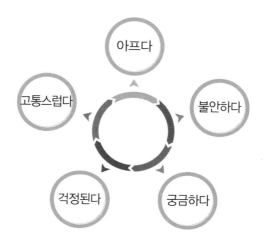

상담자가 관찰한 환자의 감정을 적어보면 더 좋다. 지금 몸이나 마음이 아파서 고통스러운 환자에게 병원 규정상 어쩔 수 없으니 무작정 기다리라고 하거나, 마음이 급하면 응급실 입원 수속을 하면 된다고 한다. 불안하고 조급한 마음에 대한 공감은 없이 프로세서만 있다.

경험이 부족한 환자는 자신이 받게 될 검사나 치료가 궁금하다. 그래서 인터넷을 검색하고 왔는데 충분하지 못해 질문을 하면 상담자에게 면박을 받는다.

상대의 본질을 관찰해보는 것이다. 이 내용은 박웅현의 《여덟 단어》에 나온 본질과도 통하는 부분이 있다.

대상이 가지고 있는 속성과 본질을 온전하게 대상이 되어 관찰하면 공감하기 싫어도 저절로 상대와 동기화가 된다.

**"아프냐, 나도 아프다."라고 먼저 말하라.**

## Key word를 찾아라

학교시절 아르바이트를 구하려고 하면, 음식점 문 앞에 붙은 아르바이트 모집 공고만 눈에 들어온다. 대중교통을 이용하다 갑자기 용무가 급해지면 화장실이라는 글자만이 보이고 그 글씨가 커 보인다. 엄마는 시끄러운 소음 속에서도 아기의 작은 소리에 반응한다.

누구에게나 **사람의 뇌를 깨우는 키워드가 있다.** 핵심이 되는 키워드만 발견할 수 있다면 상담의 성공은 50% 이상 확보한 것이다. 환자마다 눈에 띄는 단어가 있기 마련이다. 하지만 그 단어도 시기마다 달라질 수 있기 때문에 환자의 반응을 잘 관찰하여 적절한 타이밍에 환자에게 쿡 찔러 넣어야 한다.

직장에 다니면 더 이상 아르바이트라는 단어에 반응하지 않는 것과 같은 이치다. 너무 아파서 밤잠을 설쳤다는 환자는 통증의 원인을 제거하고 나면 계속 치료를 받아야 하는데도 병원에 나타나지 않는다. 이런 때 환자는 통증, 진통이라는 단어에 격하게 반응한다.

'그럼 일단 안 아프게 해드리면 될까요?'

'네네!! 네~~~'라고 대답한다.

환자들이 원하는 것은 전문적인 의료서비스를 전제한다면 안 아프고 저렴하게 빠르게 받는 것이다. 플러스 친절하게 개별적 배려를 받기 원한다.

기본적인 욕구는 모두 가지고 있지만, 개인차에 따라 가중치가 다르다. 여성의 경우 친절하고 안 아픈 게 먼저일 때가 많고 학생의 경우 싸게, 할인, 저렴한 이벤트에 더 민감하다. 중국 사람에게는 빠르게!! 표나게!! 가 통한다.

반면 자신의 흥미를 끌지 않는 내용에는 완전히 심드렁한 태도를 보인다.

'저희 원장님께서는 유명학교를 나와 유학을 다녀오셨고 어쩌고저쩌고~~'

'그래서, 뭐가 좋다는 건가요? 비싸기만 하고,'라고 노골적으로 자신이 원하는 상담의 본질을 보인다.

키워드를 찾기 위해서 먼저 **환자의 이야기를 관찰해라.** 경청은 그저 듣는 것이 아니라 환자의 의도와 이야기의 맥락을 파악하기 위해 집중해서 듣는 것이다. 환자의 이야기를 관찰하다 보면 환자의 마음속에 숨은 단어를 찾을 수 있다.

환자의 키워드를 반복적으로 사용해 대화를 이어간다. 환자에게 맞는 단어를 반복해서 사용하고 환자가 지닌 욕망의 단어와 관련된 내용으로 상담 과정을 진행한다.

찾아낸 키워드가 환자의 욕망을 자극하는 키워드인지를 어떻게 알 수 있을까? 환자의 말투와 행동 눈빛 등 비언어적인 요소를 통해서도 환자의 반응을 관찰하면 환자가 상담에 매력을 느끼고 있는지 알 수 있다.

## 숨겨져 있는 진실

영화 〈공공의 적〉을 보면 부모님을 살해한 범인이 취조를 받는 장면이 나온다. 주인공 형사가 취조 광경을 물끄러미 지켜보다가 볼펜을 떨어뜨린다. 탁자 밑에서 볼펜을 주운 형사는 용의자가 범인임을 확신한다. 형사가 본 것은 무엇일까?

떨어진 볼펜을 줍기 위해 허리를 굽힌 순간 책상 밑에서 달달 떠는 용의자의 다리를 본 것이다. 부모님의 죽음에 대해서 이야기를 하면서 초조해하며 다리를 떨고 있었던 것이다.

'영혼 없음' 무미건조한 '사랑해'라는 말, 입에 발린 칭찬, 악어의 눈물 등은 아무 감정이나 무게감 없이 건성으로 말하는 사람을 꼬집어 하는 말이다. 상대의 감정과 기분, 생각을 느끼는 것에는 목소리로 전해지는 말 외에 몸과 뉘앙스, 언어의 높낮이 등 비언어적 요소에서 더 많이 전해진다.

당황하면 목소리가 떨리고, 자신이 좋아하는 음식을 보면 침이 고이고, 음식이 맛있으면 저절로 콧노래가 나온다. 좋아하는 사람과는 더 가까이 앉고 싶고, 싫은 사람과는 눈을 마주치는 것마저 꺼려지고 5분만 같이 있어도 1시간처럼 길게만 느껴진다. 흥미가 없는 수업에는 졸음만 올 뿐이다.

우리가 말로 서로를 알아가고 알 수 있다고 생각하지만, 실제 음성언어 외의 요소가 의사소통에 더 많은 영향을 끼친다는 이론이 매러비안 법칙이다.

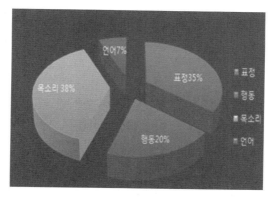

〈매러비안 차트〉

환자의 걸음걸이와 자세부터 관찰해본다. 걸음걸이와 자세에서 무엇을 느낄 수가 있을까?

병원을 처음 방문하는 사람이 데스크를 향해 걸어오는 속도에 따라 외향과 내향을 가늠할 수 있다. 주변을 살필 사이도 없이 성큼성큼 데스크로 다가서서 원하는 바를 말하는 환자의 경우 외향인 경우가 많다. 병원에 처음 찾아와서 본인이 왜 왔는지 이야기를 꺼내는 데 한참 걸리는 사람이 많다. 걱정이 많은 만큼 눈길을 여기저기 두며 걸어 들어오는 모습이 작고 느리다.

외모도 많은 근거를 주지만, 다음으로 신발을 한번 관찰해 보자.

운동화인지 구두인지에 따라서도 다르고 혹 등산화나 작업용 워커인지에 따라서도 취향과 직업, 성향이나 치료협조도가 다르다.

접수를 하고 대기를 하는 과정에서 환자의 주요 감정인 '아프다/걱정된다/궁금하다/고통스럽다/불안하다' 중에서 메인 감정을 캐치할 수 있다. 불안한 사람은 한 곳에 오래 시선을 두지 못한다. 이곳은 믿을 만한 곳인지 저 인간은 믿을만한 인간인지를 끊임없이 관찰한다.

그렇게 불안한 환자에게 시작하자마자 지금 현 상태가 위독하니 빨리 치료받으라고 말하는 것은 환자의 불안함을 가중시킬 뿐이다.

대기실에서 차는 어떤 종류를 즐기는지 대기 중에 거의 눕다시피 앉아 있는지 다소곳하게 앉아 있는지를 관찰하다 보면 환자를 이해하는 데 도움이 된다.

상담 중에 끝까지 설득당하지 않으려는 자세는 팔짱을 끼거나 등을 의자 깊숙하게 기대고 있는 경우 또는 발의 끝이 상담실 문 쪽을 향하는 식인데, 기회만 된다면 빨리 이곳을 탈출하고 싶다는 마음의 표현이다. 시계를 자꾸 쳐다본다면 상담자의 이야기에 집중하지 못하고 있다는 근거가 된다. 두 번째 키워드를 찾아라.

진료실 업무와 상담실 업무를 같이 진행할 때는 진료실 복장을 하고 있다. 진료실을 달리다 상담을 바로 시작하는 경우도 있는데 이럴 때 초췌한 나의 행색을 관찰한 환자는 나에 대한 경계와 탐색의 눈초리를 거두지 않는다. 첫 대면에서 이름표에 있는 직책과 얼굴을 번갈아 쳐다보며 거리를 유지하는 것을 알 수 있다.

그럴 때 왜 상담자가 진료실 업무를 같이 보는 것이 환자에게 좋은지 현재의 상태에 앞으로의 예상 치료경로를 설명하면서 한마디 환자의 옆구리를 쿡 찌르는 말을 한다.

'환자분의 상황을 직접 확인한 후 진단결과를 근거해 상담합니다.'

이라고 하고 뒷이야기를 이어가면 환자에 따라 여러 가지 반응을 보이는데, 대체로 경계심을 풀고 자신의 상황에 대해서도 자세하게 알아봐 주기를 바란다.

의자에 엉덩이를 깊숙하게 밀어붙이고 팔짱을 끼며 상담자와 최대한 거리를 두는 행동은 방어적인 태도다. '나는 너의 어떤 말에도 속아 넘어가지 않을 준비가 되어있으니 어디 한번 말해봐.' 하는 자세에 초보 상담자라면 어떻게 해야 할지 난처할 수 있다.

이럴 때 앞뒤 정황에 따라 달라질 수 있지만, 조목조목 짚어가며 이야기하는 것이 좋고 만약 환자가 치료 경험이 많고 다른 병원상담 경력이 있다면, '알고 있으시겠지만, 다시 한번 짚어 드리자면…'이라고 상담을 이어간다. 환자의 이야기를 먼저 들어보는 것도 방법이다. 하고 싶은 이야기를 할 때 에너지가 올라가고, 경계심이 누그러진다.

그러다 '환자분께서 치료 경력도 있으시고 여러 병원에 대해서 많이 알아보셨음에도 불구하고 저희 병원을 찾게 된 계기는 저희 병원의 ○○ 때문이라고 생각합니다.' 하고 잠시 2초간 시간을 두어 환자가 생각할 시간을 둔다.

**의심이 풀리면 팔짱도 풀린다.** 병원과 상담자에 대한 의심이 해결되고 안심이 되면 팔짱을 풀고 의자에 조금 가까이 다가와 앉는다.

환자가 자세를 상담자 쪽으로 움직여 거리를 좁힌다는 것은 친밀감을 표시하는 것이다.

친밀한 거리는 0~45cm, 개인적 거리는 45~120cm라고 한다(*사회적 거리 200cm). 상대가 나와의 거리를 좁힌다는 것은 긍정의 표현이다. 따라서 예진을 하거나 상담을 할 때 등 환자와의 거리를 생각하고 시각, 후각, 촉각, 청각 등 환자의 반응을 세심하게 관찰하여 자연스럽게 배려해 보자.

상담자가 방어적인 환자의 태도를 유심히 관찰하고 끈기 있게 환자를 관찰하며 상담을 이어가다 보면 환자의 태도가 바뀌어 가는 것을 알 수 있다.

## 상담 성공의 근거

정교하고 섬세하게 준비된 상담이 환자에게 통했다는 근거도 환자의
말과 행동, 태도를 통해 알 수 있다.

상담자에게 가까이 다가서는 것과 손을 상담실 테이블 위로 올리는
것도 '어디 이제부터 자세한 이야기를 해보자'는 신호가 될 수 있다. 손
을 테이블에 올리면서 '그래요 그럼 얼마나 걸리는데요.'라거나 '좀 전에
치료비 말씀하셨는데 좀 신경 써 주면 안 돼요?' 같이 환자가 자신의 치
료계획에 관심을 가지고 질문을 하기 시작하면 빠르게 가까워지고 있음
을 알 수 있다.

이렇게 환자가 본인의 속마음을 표현할 때를 캐치하여 환자가 궁금해
하거나 필요한 것을 적극적이지만 편안한 어투로 차근차근 설명해주어
궁금증을 해결할 수 있도록 돕는 것이 감각이다.

가끔 상담하는 과정을 곁에서 지켜볼 때도 있다. '됐어, 환자가 궁금
해하는 것은 시간이잖아. 어서 그 부분의 궁금증을 해결해 주어야지!'
하고 상담자에게 전달되지 못한 시그널을 눈치채지 못하고 상담자가 하
려던 이야기를 마저 다 마치는 모습을 보면 범죄 영화에서 범인을 형사
만 모르고 있을 때, 범인을 알려주고 싶은 관객처럼 초조해진다. 미궁
속으로 빠진 환자의 마음은 끝내 밝혀지지 않는다. '환자는 왜 우리 병
원을 떠났을까?'

연인 사이가 장거리 여행을 간다. 운전하는 남자에게 여자가 '자기 목
마르지 않아?'라고 물었다. '아니 괜찮은데.' 하고 계속 달린다. 남자는
여행지에 예상보다 일찍 도착했다고 좋아하며 본인의 운전 실력을 자랑
한다. 하지만, 여자는 여행을 즐길 마음이 싹 사라져 있다.

남자는 난감한 표정을 짓는다.

여자가 '자기야 목마르니까 다음 휴게소에서 잠깐 쉬었다 가자.'라고 이야기하면 남자가 알아들었을 텐데. 왜 남자친구에게 물어보고서 혼자 삐지는 걸까?

환자에게서도 발견되는 소통법이다. 단도직입적으로 '10만 원만 깎아 주세요.'라고 이야기하면 속 시원하게 '된다, 안 된다' 빨리 결정할 수 있을 텐데, 환자는 돌려 말하고 상담자가 곧이곧대로 이해하고 대처하면 상담은 제자리를 맴돌게 된다.

환자가 치료에 관심 있는 제스처나 질문하는 순간을 놓치지 말고, 환자에게 더 가까이 다가갈 수 있는 대화와 질문을 시작하라.

## 일상을 특별하게

관찰습관은 환자와 상담만을 위해서 사용되는 것은 아니다. 일상생활에서 상대를 관찰하는 습관은 상대의 마음을 읽고 대화를 풍성하게 이끄는 원동력이 되기도 하고 사람들을 관찰하다 보면 새로운 아이디어를 만들어내는 데이터베이스가 된다.

관찰습관은 무엇보다 반복되는 병원 생활에 활기를 불어넣을 수 있어서 좋다.

내원-접수-대기-진단-상담-치료의 프로세서로 움직이는 환자와 가벼운 진료에서 수술 계획도 병원 생활은 새로울 것 없이 환자의 진단결과에 따라 일상적인 업무의 연속이다. 하루를 이렇게 전체적으로 놓고 보면 새로울 것도 즐거울 것도 없어 직장생활에 대한 만족도는 떨어지고 권태감이 몰려온다.

하지만 하루를 섬세하게 나누어 관찰해보자. 환자도 유심히 관찰하다 보면 단 하루도 같은 날이 없다. 환자들도 다 거기서 거기인 것 같지만, 우리의 일상은 모두 다르고 환자들도 모두 다르다는 것을 알 수 있다. 매일의 일상을 다르게 만드는 작업을 하다 보면 권태감은 줄고 새롭고 재미있는 일이 연속으로 생긴다.

자! 우리 병원에 주로 많이 내원하는 환자는 30대 남자 직장인이라고 해보자. 똑같은 조건일 때라도 30대 남자 직장인의 결혼 여부에 따라 상담 포인트는 달라질 수 있다.

- 충치가 있는 30대 초반 기혼 남자 직장인
: 치료비 결제권이 아내에게 있는 경우가 많다. 물론 몇만 원 이하의 경우는 다르지만, 결혼한 남자는 치료결과를 듣고 곧바로 아내에게 전화를 걸어 상의를 하거나 상의 후 내원하겠다고 하고 병원을 떠난다.

- 충치가 있는 30대 초반 미혼 남자 직장인
: 치료비 결제권이 본인에게 있지만, 돈이 없다. 개인차가 있지만, 아직 술과 친구가 더 좋기 때문에 극심한 통증이 없다면 치료를 미루려고 하는 행동을 보인다. 자신의 건강에 무딘 미혼의 남성의 경우는 예약관리를 철저하게 해야 한다. 치료를 미뤘을 때 발생 가능한 모든 부작용에 대해 과장을 섞어서 이야기해야 한다.

상담할 때 환자를 진단결과로 분류해서 생각하면 상담 자체도 발전하지 못할 뿐 아니라 상담 과정이 재미가 없어진다. 'ㅇㅇ치료는 어떻게 진행이 되고 비용이 얼마이며 기간은 3~4주가 걸리게 됩니다.'라는 상담은 누구나 할 수 있다. 기계적인 상담을 하는 상담자는 곧 기계적인 챗봇에게 자신의 역할을 빼앗기게 된다. 환자 한 명 한 명을 개별적으로 관찰하면 절대 같은 상담이 나올 수는 없다.

관찰습관은 아픈 환자를 치료하기 위한 좋은 방법이기도 하지만, 지친 상담자를 치료하는 방법이 되기도 하다.

매일 똑같다는 생각이 들고 날마다 진상환자만 늘어나고 원장님은 점점 야박해진다고 한탄하지만 말고 섬세하고 날카로운 시선으로 현장을 바라보면 관찰력이 상승한다. 관찰능력이 높아지면 일상에서 소소한 활력을 찾는 방법을 알게 되고 날마다 새로워진다.

## ▎관찰력과 상담 연결하기

열심히 세미나도 듣고 틈틈이 책도 읽으면서 자기 계발을 하지만 상담능력이 맘처럼 늘지 않는다는 하소연을 듣는다. 속담에 '구슬이 서 말이라도 꿰어야 보배'라는 말이 있다. 좋은 재료가 있어도 그것을 이용해 쓸모 있는 것을 만들어 내지 못하면 소용이 없다는 이야기이다.

관찰습관도 마찬가지이다. 열심히 원장님을 관찰하고 환자를 관찰하고 직원들을 관찰하고 스스로를 돌아보는 시간을 가졌는데 도대체 이렇게 쌓인 정보와 사실들을 어떻게 상담과 연결해서 사용해야 하는지 난감하다는 하소연을 듣기도 하고, 정말 열심히 배우고 열정적으로 활동하는 선생님이 현장에서 실력 발휘가 안 되면 안타깝다.

관찰한 내용을 그대로 가지고 있는 것은 좋은 재료를 가지고 있는 것과 같다. 하지만 좋은 재료라고 할지라도 다양한 재료들과 어우러져 훌륭한 음식이 되지 못하면, 그냥 그 자체로 시들고 만다.

열심히 관찰했는데 아무 데도 소용이 없다고 생각이 들면 관찰에 대한 생각과 열정이 시들해진다.

관찰한 내용을 상담뿐 아니라 생활하는 곳곳에서 유용하게 사용하려면 체계적으로 관찰한 내용을 정리하는 연습이 필요하다.

## 관찰공식

관찰의 순서를 다음과 같이 정리해 보았다.

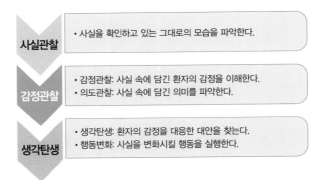

| 사실관찰 | • 사실을 확인하고 있는 그대로의 모습을 파악한다. |
| --- | --- |
| 감정관찰 | • 감정관찰: 사실 속에 담긴 환자의 감정을 이해한다.<br>• 의도관찰: 사실 속에 담긴 의미를 파악한다. |
| 생각탄생 | • 생각탄생: 환자의 감정을 대응한 대안을 찾는다.<br>• 행동변화: 사실을 변화시킬 행동을 실행한다. |

첫 번째 단계는 사실을 있는 그대로 받아들이는 일이다. 상담을 오래한 사람일수록 사실보다는 경험과 직관을 활용해 상담을 진행하려고 한다. **상담자 스스로는 직관이지만, 남이 보면 주관이다.** 최대한 상담자의 의견을 배제한 채 환자의 인적사항과 환자의 표현 환자의 말투 등 있는 그대로의 정보를 정리해 보자.

두 번째 단계는 환자의 감정을 헤아리는 감정관찰의 단계를 거치는 것이다. 이 단계에서는 상담자의 공감력과 경험이 많은 작용을 하게 된다. '아! 지금 아픈 곳을 움켜쥐고 있는 것(사실)을 보니, 통증이 심해 아프겠구나(감정), 그럼 내가 어떻게 해야 하지?'라고 묻는 순간 생각이 탄생하는 세 번째 단계로 자연스럽게 이어져 바람직한 행동의 결과를 만들 수 있도록 관찰공식을 활용해 보는 것이다.

| 사실관찰 | • 사전에 전화로 예약상황을 확인하고 내원함<br>• 신환기록지의 인적사항 및 필체 등을 확인함<br>• 환자의 태도 및 용모 액세서리/문진내용 진단내용 진단결과 |
|---|---|
| 감정관찰 | • 질문법 활용: 지금 통증이 심하시니 일단 통증 없애는 것을 진행해도 될까요? 다른 진단 결과는 통증이 완화된 후에 차례로 설명드리겠습니다.<br>• 의도관찰: 그동안 치료를 많이 받으셨는데, 저희 병원을 찾아오신 특별한 이유가 ○○이 맞으시나요? |
| 생각탄생 | • 생각탄생: 오늘 예약환자가 좀 많은데 30~40분 정도 좀 더 기다리셔도 괜찮으시겠습니까? 중간에라도 치료를 받으실 수 있도록 최선을 다하겠습니다.<br>• 행동변화: 병원의 실정에 맞게 환자가 필요로 하는 대안을 즉시 행동으로 옮긴다. |

〈관찰공식의 활용〉

　시작단계에서는 사실관찰에 충분한 시간을 할애하는 것이 좋다. 많은 데이터를 모을수록 결과는 정확해지고 많은 데이터는 그대로 상담자의 의사결정을 위한 자원이 된다. 충분한 사실관찰 없이 섣불리 환자의 감정을 건드렸다가는 환자에게 오히려 반감을 사기도 한다. '뭐야 잘 알지도 못하면서, 여기도 다른 병원하고 다를 것이 없네.'라는 빈축을 살 수도 있다.

　논리적이고 까다로운 환자일수록 충분한 준비를 하고 사실관찰 내용을 바탕으로 상담을 진행해 나가는 것이 좋다. 반면에 좀 더 감성적이고 외향적인 환자에게는 '내가 당신을 주도면밀하게 관찰했어요.'라는 표시가 나지 않도록 주의한다. 지나친 팩트 폭격은 환자를 당황하게 만들 수 있고, 인간미가 없다고 생각하고 병원을 더 차갑게 느낄 수 있다.

　관찰을 게을리하는 이유 중 가장 큰 원인은 '이만하면 됐지' 하는 안일한 생각이다. '내가 상담을 몇 년을 했는데, 척 보면 딱이지.'라는 성급한 판단을 해 버리는 것이다.

　심한 경우 본인의 인센티브에 도움이 될 것 같은 환자만 골라서 상담하고, 까다롭고 치료내용에 비해 상담시간이 길어질 것 같으면 직원에게 전가하는 경우도 있다. 치료내용은 소소한데 성향이 까다로운 환자일수록 연륜이 높은 상담자가 담당하는 것이 좋다.

첫인상에서 꺼려지는 환자가 누구나 있게 마련이지만, 환자를 알기 위한 충분한 노력 없이 판단했다가 시간이 지나면 사실은 친절하고 따뜻한 분일 경우도 많이 있다.

충분하게 사실을 관찰했더라도 환자의 감정과 매칭이 되지 않는다면 여유를 가지고 상담을 진행하는 것이 좋다. 최근에 의료업도 의료서비스업으로 변화하면서 '환자경험관리'가 중요한 평가요인이 되고 있다. 이는 병원에서 시행하는 많은 부분이 환자의 시선을 공감한 후에 디자인되었느냐가 중요하다.

병원의 시설과 서비스가 병원을 이용하는 환자를 배려해 만들어져야 하는 게 당연한데, 병원종사자들에게 환자와의 공감역량 강화에 저해하는 요인 중 하나는 **권위주의**에서 비롯된다.

지금도 공급자 위주의 사고로 '내가 알아서 잘해 줄 텐데, 믿고 따르면 되지 뭐 이렇게 궁금한 게 많아 날 못 믿나?' 하는 불쾌감을 표시한다. '진료도 힘든데 환자 비위까지 맞춰가며 일 못해'라는 시각으로 병원을 관찰하면 불편한 점이 없어 보일 수 있다.

일만 시간의 법칙으로 유명한 말콤 글래드웰의 《아웃라이어》의 7장에는 비행기 추락에 담긴 문화적 비밀로 아시아나 항공 추락사고를 상명 하달식의 의사결정 문화를 들었다. 지시형 의사소통은 일을 빠르게 하는 데 도움이 될 수 있지만, 위기예방을 위한 유연한 조직문화에는 독이 되어서 비극적인 사고로 연결되는 경우가 많다. 환자와 직원들이 '침묵'하기 시작한다.

'저희는 환자의 치유를 도울 뿐 결국은 환자와 같이 치료하는 것입니다. 수술 후 주의사항을 잘 지키는지 일일이 감시할 수도 없고, 주의사항을 잘 지키시면 몸이 스스로 건강을 위해서 일을 합니다.'라고 말한다.

자신의 신체를 의탁하는 곳이니 '의사선생님, 간호선생님'이라고 불러주시며 진료도 열심, 치료도 열심인 분도 있다. 반면 다른 이유로 병원 문턱을 높게 생각하는 경우가 있다. 비싼 치료비 때문일 수도 있지만, 냉랭하거나 사무적인 태도로 오히려 마음만 다치고 돌아왔다고 호소하는 환자들도 있다.

**환자의 감정을 제대로 관찰하려면 환자가 되어보아야 한다.**

직원들에게 '네가 명품가방을 200만 원 주고 샀는데, 그거 가짜냐고 그러면 기분이 어때?'라고 묻는다. '나쁘죠'라고 즉답을 한다. '환자도 마찬가지 아닐까? 믿고 맡겼는데, 아프고 늦고 불친절하면 기분이 어떨까?'라고 다시 질문한다.

상담자가 관찰한 사실과 감정이 맞는지 확인하는 과정이 필요하다.
'지금 많이 아프신 것 같아 응급처치부터 진행하려고 하는데 괜찮으시겠어요?' 환자는 지금 아파서 쓰러지고 싶은 심정인데 '저희 병원의 절차상 실장님, 원장님, 대표원장님 검진 후에 치료가 진행될 수 있으며 잘못하면 내일 오셔야 할 수도 있습니다.'라고 말한다면 관찰한 내용은 무용지물이 된다.

최대한 많은 사실을 관찰하고 환자의 감정과 의도를 파악했다면 대처할 수 있거나 제안할 수 있는 최선의 해결방법을 제시할 수 있다면 동의율이 높아지는 것은 당연한 결과이다.

| 사실관찰 | • 이만하면 됐어<br>• 내 탓이 아니야!! 내 일이 아니야!! (책임전가) |
| 감정관찰 | • 권위주의<br>• 관찰부족 |
| 생각탄생 | • 귀찮아!! 돈 들어!!<br>• 어떻게 해야 할지 모르겠다. (정보부족) |

〈관찰을 방해하는 요소〉

어렵게 환자와 병원에 대한 데이터도 분석하고 환자의 마음도 알았다면 이제 **행동에 옮길 차례**가 된다. 상담할 때 전문용어를 환자가 알아들을 수 있는 단어로 바꾸어 이야기하는 것에 대한 생각까지 도달했다면 이제 실천이다.

습관을 바꾸는 것은 어렵다. 더 좋은 습관으로 바꾸는 것은 효과가 있다.

환자들이 좀 더 안락하고 편안하게 기다릴 수 있도록 대기공간을 꾸미는 것이 좋겠다고 결론에 도달했더라도 당장 병원의 수익과 직결되지 않으면 선뜻 변화를 실천하는 것은 어렵다.

이제는 변화할 준비가 되어 있거나, 변화에 대한 절실함이 있는데 도대체 어떻게 해야 되는지 모를 때도 있다. 결정은 내부에서 하고 실행방법과 우선순위를 정할 때 주변 전문가의 도움을 요청하는 것도 좋다. 내부에서 실행하다 보면 성과에 대한 피드백이 명확하지 않고 직원들이 원치 않는 업무를 가중하는 결과만 초래해서 불만은 높아지고 결과는 초라해지는 경우가 생길 수 있다.

상담뿐 아니라 병원의 진료프로세서나 마케팅활동을 관찰을 할 때 병원 차원에서 활용해도 좋다.

병원관찰을 할 때 주의해야 할 것은 결과만을 관찰하는 것이다. 상담에 대한 질은 고려하지 않고 양만을 측정해 상담동의율이나 월 진료수익만을 관찰해 환자의 만족도 상승이나 재내원 등 감정에 대한 관찰을 소홀하게 되면 상담과 관련한 부정적인 결과는 오롯이 **상담자 개인에게 책임이 전가**되는 편향을 보이게 된다.

앞에서도 언급했듯이 진료수익이 늘고 상담동의율이 높아진 것은 정교한 관찰활동을 통한 상담의 결과이다. 그렇기 때문에 병원 내에 사실을 관찰할 때는 원인부터 관찰하는 섬세한 과정설계가 필요하다.

- 판단을 쏙 뺀 있는 그대로의 사실 관찰
- 폭넓은 지식과 경험을 바탕으로 한 환자의 감정과 의도 관찰
- 관찰한 내용을 상담에 반영/긍정적인 변화과정을 거친다

천재 과학자 아인슈타인은 '어제와 똑같이 살면서 다른 미래를 기대하는 것은 정신병 초기증세이다.'라고 말했다. 관찰공식을 실천해 보면 자신의 상담능력뿐 아니라 병원업무를 바라보는 시야가 넓어지는 것을 체험하게 될 것이다.

하지만 우리는 같은 사물을 보고도 서로 다른 상상을 하고 다르게 기억한다.

## 사소한 것 속에 담긴 소중한 것
### - 어떻게 관찰할 것인가?

1666년 과수원의 사과나무 아래서 졸고 있던 한 소년의 머리 위로 사과가 떨어졌다. 잠에서 깬 소년은 사과가 왜 아래로 똑바로 떨어지는지 호기심을 가지게 되었다. 마침내 소년은 사과가 떨어지는 것을 보고 떨어지는 물건에는 중력이 작용하며, 그 힘은 행성을 포함해 우주의 모든 만물에 적용된다는 사실을 깨달았다. '만유인력의 법칙'을 발견한 뉴턴의 이야기이다.

사과가 떨어지는 것을 본 사람은 수없이 많다. '뉴턴만이 만유인력을 증명할 수 있었을까?' 그는 사과가 떨어지는 것을 당연하게 여기지 않았다.

사과가 떨어지는 똑같은 사실을 관찰하고 위대한 발견을 하는 사람과 단 하나의 사과에 만족하는 사람이 있는 걸까?

**'특별한 직업은 없다. 직업을 특별하게 만드는 사람이 있을 뿐.'**

### 관점을 디자인하라

'관점디자이너' 박용후는 **'당연함을 부정하라.'**고 말한다. 한여름에도 뜨거운 보리차를 끓여 먹던 우리가 언제부터 당연하게 정수기의 물을 받아 마시고 생수를 집까지 배달해 마셨는지 묻는다. 이제는 끓여 먹는 것이 이상할 정도로 정수기와 생수가 자연스럽다.

병원에서 일하다 보면 환자의 불편을 당연하게 생각하는 경우를 어렵지 않게 찾아볼 수 있다.

예를 들어 병원에서 진료순서를 기다리는 것이 당연한 것일까?

병원을 이용하는 고객들 중 대부분이 진료과목을 불문하고 대기시간을 첫 번째 불만 요소로 손꼽는다. 기다리는 환자의 모습이 당연시 여겨진다. 저 환자는 왜 저렇게 기다리고 있는 건지 궁금해하며 확인하는 사람은 드물다. 당연하게 기다려야 하는 상황 대기시간을 획기적으로 관리할 수 있다면, 상담할 때 어필할 수 있다.

진료를 받았으면 당연하게 진료비를 내야 하고 우리 병원의 진료수가를 당연하게 여기는 경향이 있다. 진료수가가 높은 이유와 만족을 충분하게 느꼈을 때 환자는 기꺼이 진료비를 납부한다. 약속한 금액이니 내기는 하겠지만, 다시는 이 돈 주고 여기서 치료받기 싫어서 오지 않는 것이다. 하지만 우리는 내가 아침부터 힘들게 일했으니 당연하게 대가를 받아야 한다고 생각한다.

기꺼이 진료비를 내주는 환자에게 고마움을 느낀 적이 있는가?

잘되는 병원은 잘되고 있지만 내원하는 환자에게 항상 감사하고, 그들이 불편해하는 것이 없는지 모니터링하고 크고 작은 변화를 시도해 더 좋은 환경을 만든다. 직원들은 좋아지는 진료환경에 자부심을 가진다. 자신이 일하는 병원에 대한 자부심은 상담 장면에서 자신감으로 작용한다.

직원 할인을 받아 치아교정을 시작한 직원이 말한다. '치료비 내야 해서 요즘 생활이 빠듯해요.' '그래 직원 할인을 받았는데도 빠듯한데 환자들은 오죽하겠니?'라고 묻는다.

똑같은 상황을 두고도 직원과 환자, 상담자, 원장이 보는 관점이 다르고 기억하는 포인트가 다르다. 관점에 따라 똑같은 상황도 다르게 정리가 되고, 당연하게 이상한 해결책이 대안으로 제시된다.

> 한창 진료 중인데 대기실에서 환자의 가족으로 같이 온 아이가 대기실을 뛰어다니면서 소란을 피우고 있다. 이 상황을 당연하게 받아들이게 되면 어떨까?
>
> ⋯ 얘! 병원에서 이렇게 떠들면 어떡하니? 조용히 좀 하렴. 치료받고 있는 사람도 생각해야지.
>
> 아이의 관점에서 생각하면 어떨까?
>
> ⋯ 형 따라와서 기다리기 힘들지? 잠깐만 조용히 해주면 형 치료 빨리 끝나서 집에 금방 갈 수 있을 거야.

'팔지 말고, 사게 하라!'와 같은 마케팅 슬로건처럼 조용히 하라고 하지 말고, 조용히 할 수 있는 상황을 만들어라.

우리 병원에서 하라고 하지 말고 할 수밖에 없게 만드는 것은 세심한 관찰력과 적극적인 실행력과 과감한 투자가 필요하다. 가장 먼저 현 상황과 환자와 질병을 바라보는 관점을 새롭게 디자인하는 곳에서 시작된다고 해도 과언이 아니다.

## 대기실은 병원의 얼굴이다

신입직원을 교육하는 시간에는 병원에 대한 느낌이 어땠는지 물어본다. 이제 막 들어와서 양어깨에 긴장이 들어찬 직원은 눈치만 본다.

'병원에서 오래 일하다 보면 익숙해져서 뭐가 좋은지 뭐가 나쁜지 잘 몰라요. 여러분이 환자와 가장 비슷하게 병원을 생각하고 있을 것 같아서 물어보는 거니까 솔직하게 말해보세요.'

입사해서 3, 4개월만 되도 직원의 입장에서만 병원을 보기 때문에 환자의 시선으로 보지 못하게 된다고 안심시킨다. 그러면 불편했거나 면접 시 병원 입구를 찾기 힘들었던 기억이나 대기하면서 느꼈던 생각들을 이야기하기 시작한다.

출근하게 되면 직장은 일상이 되어버린다. 상담도 마찬가지이다. 자주 하게 되면 기계적으로 질문하고 대답하고 얘기하게 된다. 그런 당연한 일상을 호기심 어린 시선으로 바라보면 새로운 것을 발견할 수 있다.

소위 '요즘 것들'은 말끔하게 인테리어가 되어있는 쾌적한 근무환경 때문에 입사지원을 할 때에도 인테리어는 중요한 고려사항이 된다. 병원에서 일하는 친구들 사이에서도 자랑처럼 이야기하기도 한다.

하지만, 한겨울 눈 오는 날 깨끗한 대기실 바닥은 곧 일거리로 바뀌는 것을 경험해 본 사람은 알게 된다. 길 가장자리로 치워둔 눈길을 걸어 병원에 온 환자의 신발에 박힌 눈이 대기실의 따뜻한 공기를 만나서 서서히 녹기 시작하고 하얀 대기실 바닥은 순식간에 여러 사람에 발자국으로 가득해진다. 특히 워커같이 바닥이 깊은 신발을 신고 오신 환자분의 경우 눈이 천천히 녹으면서 진료실과 체어에까지 흔적을 남긴다. 그런 날에는 수시로 대기실 바닥을 청소해야 한다.

어느 눈 오는 날 직원이 눈 치우는 것이 힘들었는지 막 병원으로 들어오는 중학생 환자와 다시 현관 밖으로 어깨동무를 하고 데리고 나가서는 현관 앞에 있는 매트에 신발을 문지르도록 했다. 그 모습을 지켜보던 나는 '내가 학생이라면 민망할 것 같다. 엄마가 같이 안 와서 참 다행이다'라고 생각하며 대기실 바닥의 발자국을 유심히 관찰하게 되었다. 화살표의 방향은 환자가 병원으로 들어와 이동한 방향을 나타내며, 화살표의 양은 발자국이 많이 찍힌 곳을 나타낸다.

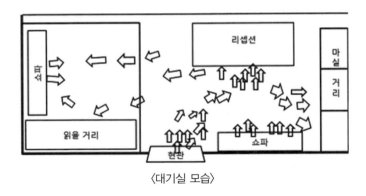

〈대기실 모습〉

　왼쪽 공간이 꽤 넓은데도 불구하고 환자들은 거의 이용하지 않고 있는 것이 관찰된다. 평소에 느끼고 있었지만, 마치 검증을 받는 것 같았다. 대기실 모양이 구조변경이 어려워 크게 변화를 줄 수는 없었지만, 어떻게 하면 환자의 편의를 위해 변화를 시도해 볼 수 있을까?

　환자들의 지루한 대기시간에 활용하시라고 마련한 신문과 잡지 등이 이용되고 있지 않으니 작은 탁자를 마련해서 현관과 소파 작은 공간에 분리해서 배치했다.

　개인의 관점에 따라 똑같은 사건이나 사물이 얼마나 다르게 바뀔 수 있는지 설명하고 중요성을 강조하고 싶은 것이다.

### 마케팅으로 이어지는
### 상담실장의 관점 전환

'야 그 환자 갔어?'

　직접 상담하기 어려웠는지, 잠시 몸을 피했다가 나타나며 환자가 돌아갔는지 확인을 한다.

'완전 진상이야, 그런 환자 안 받는 것이 우리 정신건강에 좋겠다.'고 스스로 피했던 이유를 변명처럼 늘어놓는 상담자를 목격할 때가 있다. 도대체 상담자와 환자 사이에는 무슨 일이 있었던 걸까?

하지만 같은 상황에서도 '열심히 했는데 방금 그분은 힘들다. 아직 내가 내공이 부족한가 봐.'라고 하면서 스스로 더 배우거나 나아져야 할 부분이 무엇이지 생각해 보는 사람이 있다. 원인을 스스로에게서 찾는 사람은 실수와 실패의 원인을 관찰하게 될 것이고 과정을 머릿속에 그려보게 될 것이다. 결과의 독특한 성향으로 돌리는 사람은 상담 결과를 타인에게 돌리고 다음에도 같은 방법으로 상담을 할 것이다. 물론, 결과가 좋은 날도 있다.

일명 '진상환자'에게 크게 혼이 나고 자신의 상담 스타일과 환자의 성향과 당시의 상황을 환자와 병원의 관점에서 다시 한번 들여다보는 습관을 가지면 병원 살리는 상담실장으로 빠르게 성장할 수 있다.

그렇지 않고 어제 했던 이야기를 오늘도 하고, A환자에게 했던 대로 B환자도 대하면서 상담 실력이 나아지기를 바라는 것은 똑같이 먹고 움직이면서 살이 빠지기를 바라는 것과 같다.

관찰한 내용을 순수하게 열정적으로 표현하는 것이 선순환을 유발하는 상담전략이다.

잘 된 상담을 평가하는 방법을 두 가지로 나눌 수 있다. 환자의 동의율을 높이고 진료비 수납을 유도하는 것에 중심을 둔 양적인 상담과 환자와 관계를 원활하게 유지하며 환자가 무엇이든 병원을 위해 할 일을 찾게 하는 질적인 상담이다.

환자가 병원을 위해 무엇인가 스스로 찾아서 한다는 것은 긍정적인 입소문이나 직접적인 소개를 들 수 있다. 병원관계자가 없는 자리에서도 병원을 칭찬하고 소개하고 소문낸다. 진료비를 약속한 날짜에 수납하고 예약 시간을 지키기 위해 다른 약속보다 병원예약을 우선으로 생각하는 것이다.

환자가 병원을 위해 스스로 할 일을 찾아서 하는 수준까지 올라서면 병원에는 진료수입이 높아지는 것은 당연하다. 원장과 직원의 진료 피로도는 낮아지고 심리적 행복감은 높아진다. 병원 운영을 위한 추가 비용이 감소하면서 수익율이 높아진다.

가장 먼저 마케팅 비용이 절감된다. 소개로 온 환자의 경우 이미 많은 부분을 우리 병원의 팬에게서 상담을 받고 내원을 하기 때문에 병원의 장점을 설명하는 시간을 절약할 수 있다. 그렇게 되면 상담실장은 다른 환자나 상담 외의 중요한 업무를 할 수 있는 시간을 벌 수 있으며 피로도가 낮아지기 때문에 업무성과 향상 등 긍정적인 결과를 기대할 수 있다.

다른 한편으로 설사 병원의 진료과정이나 치료내용이 마음에 들지 않더라도 소개자와 컴플레인 내용을 분담해서 책임질 수 있다. 소소한 장점을 들자면 환자의 약속이행률이 높아지면 재차 전화 방문을 하지 않아도 되기 때문에 통신비도 절약이 되고 데스크 직원의 업무가 줄어서 다른 환자를 관리하거나 리콜환자를 정리할 시간을 벌 수가 있다.

디지털 사회에서는 병원의 팬이 곧 인플루언서가 된다. 부탁하지 않아도 SNS에 리얼 후기를 남겨준다. 병원 공식 SNS 소식을 공유한다. 간혹 악의적인 댓글에 대신 싸워준다. 이러한 긍정적인 입소문 전략은 SNS를 타고 순식간에 퍼지고 병원을 알리는 데 자원이 된다.

**'상담실장이 자신의 직업과 환자를 보는 관점에 따라
상담의 결과가 달라진다.'**

같은 스토리를 가지고 전혀 다른 영화를 만들어 내고 전혀 다른 결과가 나온다.

영화 〈광해: 왕이 된 남자〉와 〈나는 왕이로소이다〉를 비교해 보자. 독자 중에는 〈광해〉는 기억이 나지만 〈나는 왕이로소이다〉는 잘 기억이 나지 않을 수도 있다. 두 영화 모두 동화 '왕자와 거지' 스토리에서 그 모티브를 얻은 듯하다. 하지만 광해는 흥행에 성공하고 나는 왕이로소이다는 흥행에 실패한다.

빠르게 변화하는 사회에서 적응하기 위해 어떤 관점을 가지고 살아가는지가 중요한 요소가 되었다. 새로운 것을 관찰하려고 하지 말고 익숙한 것을 새롭게 관찰하는 습관이 좋다.

진료과목에 따라 비슷비슷한 진단명을 가지고 병원의 위치나 병원의 규모에 따라 비슷비슷한 성향을 가진 환자를 하루에도 10여 명에서 수십 명을 상대하는 일에 싫증을 느낄 때도 있겠지만, 관점 하나만 바꾸어도 결과가 달라진다.

매일의 일상을 새로운 관점으로 바라보는 마음과 시선을 가지기를 바라는 마음이 책 전체의 내용이라고 해도 좋다.

다른 장들은 그러한 관점을 가지는 방법과 훈련을 할 수 있도록 돕는 역할을 한다. 이제 새로운 관점을 가지고 상담을 진행하기 위해서 병원을 더 잘 들여다보고 질적으로 좋은 결과를 만들기 위해서 무엇을 어떻게 챙기면 좋을지 알아보도록 하자.

Part
5
—
옵션으로 동의율 높이기

사람이 온다는 건

실은 어머어마한 일이다.

그는 그의 과거와 현재와

그리고 그의 미래와

함께 오기 때문이다.

한 사람의 일생이 오기 때문이다.


- 정현종, 〈방문객〉 중에서

# 상담에 필요한 옵션

옵션(Option)의 사전적 의미는 각종 기기에서 표준 장치 이외에 구입자의 기호에 따라 별도로 선택하여 부착할 수 있는 장치를 말한다.

옵션이 없어도 제품의 성능에는 차이가 없지만, 옵션이 있으므로 해서 새로운 기능이 생겨나 사용이 편리해진다.

우리는 흔히 자동차를 구입할 때 어떤 옵션을 추가할지 고민을 하게 된다. 내비게이션이 없다고 이동수단이 주요 기능인 자동차가 움직이지 않는 것은 아니다. 자동주행 기능이나 선루프가 없거나 후방카메라, 스마트키, LED등, 가죽시트 등 그 종류도 다양하다.

'차가 안전하고 튼튼하기만 하면 됐지'라고 생각하는 사람도 있을 수 있고 '그래도 주차할 때 조심하려면 후방카메라는 필요하지'라고 생각하는 사람도 있을 것이다.

상담에서도 마찬가지이다. 언제 어디서든 진단결과와 종이와 펜만 있으면 상담이 가능하지만, 환자들의 요구사항이 다양해지고 환자마다 발달한 오감이나 넛지가 발생하는 포인트가 다르기 때문에 그때마다 필요한 옵션을 활용하면 동의율을 올릴 수 있다.

상담실장의 조건에서 설명한 전문성 친밀감, 일관성 유지 등 신뢰형성을 위한 다양한 노력도 필요하지만 기본적인 사항에 날개를 달아 줄 수 있는 포인트 옵션을 체크해 보도록 한다.

## | 상담의 구원투수

야구에서 앞서 공을 던지던 투수가 위기에 몰렸을 때 대신 나가서 경기를 마무리하는 투수를 구원투수라고 한다.

만약 추가비용이 전혀 들지 않으면서 환자와의 신뢰감 형성은 물론이며, 병원 안에 구성원들과 친밀도가 상승하는 방법이 있다면 그 방법을 사용해 보겠는가?

경기가 어려워지고 환자층이 고착화되면서, 상담까지 직접 담당하시는 원장님들이 늘고 있다. 물론 원장의 상담은 환자들의 신뢰를 일으키는 가장 큰 요인이 되기도 하지만, 환자들 중에는 상담실장에 더 익숙해져 있는 경우가 있다.

원장님이 상담까지 하니 업무영역이 한정되고 정체되는 것 같아서 의욕이 안 생긴다고 고민을 털어놓는 경우도 있다. 상담동의율도 높이고 직원들 氣도 살려줄 수 있는 한마디, 진단결과와 치료과정을 꼼꼼하게 챙겨 환자의 마음을 산 후 자리에서 일어나면서,

**'다른 내용은 나보다 우리 실장이 더 잘 설명해 줄 겁니다.'**

하고 자연스럽게 상담자에게 환자를 위임하는 것이다. 상담자에게 힘을 팍팍 실어주면 환자가 가지고 있던 원장에 대한 신뢰가 병원에 대한 신뢰로 자연스럽게 바뀌게 된다.

## 원장님의 구원투수 상담실장

그렇게 바통을 이어받은 상담자에게 환자는 원장님에게는 물어보지 못하는 이것저것을 물어보기 시작한다.

'원장님 학교는 어디 나오셨어요?'

'검사결과는 확실한가요?'

'원장님 치료는 잘하시나요?'

원장님 얼굴 보면서 직접 물어보지 못했던 내용들을 물어 왔을 때 원장님의 지원사격을 받은 상담자는 원장님을 전적으로 신뢰한다는 강한 의지를 담는다. '원장님께서 진단을 그렇게 내리신 데는 이유가 있습니다.'하고 상담실에서 원장님을 높이는 것은 결국 병원의 신뢰를 높이는 데 도움이 된다.

신뢰 프로젝트는 해피콜이나 리콜을 진행할 때도 계속된다. 치료할 내용이 남아 있거나 큰 수술을 마친 환자에게 전화를 걸어 안부를 물을 때도 구원투수를 등판시킨다. 야구와 다르게 병원에서는 투수가 동시에 등장할 수 있는 장점이 있다.

'그동안 원장님이 많이 궁금해하셨습니다.'라고 해보자. 환자의 마음에는 병원에 대한 책임감이나 의무감 같은 것이 생겨나게 된다.

원장과 상담자가 사이가 안 좋아 병원에 찬 기운이 도는 걸 환자는 용케 알아차린다. 지인 중에는 나에게 병원에 다녀온 이야기를 한다. '병원 분위기 살벌해서 누워 있는데도 불편하고 조마조마하더라'고 말한다. 환자의 불편함에 변명하지 말자.

병원 분위기는 환자에게도 옮겨간다. 자꾸 결제를 미루고, 오실 때마다 불편한 곳이 생기고 예약 날마다 중요한 일이 생기며, 차트에 진료기록보다는 컴플레인 내용이 더 많아진다. 네이버 후기의 낮은 별점이 거슬리기 시작하면 강력한 멘탈로 극복할 수 있다고 자기 최면을 걸거나 플레이스를 닫아버린다.

병원구성원들 간 서로 펼치는 호혜적인 신뢰 프로젝트가 첫 번째 옵션이다.

이것은 기존에 있던 자원을 활용하는 것이기 때문에 추가적으로 비용이 발생하지 않음은 물론이고, 구성원 간 관계를 개선할 수 있는 가장 빠르고 확실한 방법이다.

## 오감만족 프로젝트

사람에게는 감각기관이 있다. 감각기관은 사람마다 발달되는 정도가 달라서 적당히 자극하므로 해서 그 사람의 호감을 사기도 하고 호감을 잃기도 한다.

예를 들어 청각이 고도로 발달해 있는 사람에게 지나치게 높은 톤으로 이야기를 한다거나, 주파수가 큰 음악을 들려주면 오히려 역효과가 날 수 있다. 반대로 청각적 감각이 민감한 환자에게 좋은 음악이나 상담자의 편안한 음성은 효과가 있다. 청각이 둔감한 어르신에게는 높은 톤으로 이야기해서 잠들어 있는 감각을 깨어나게 하는 것이다.

환자들이 특히 민감하게 반응하고 좋고 싫음을 금방 알 수 있는 요소는 후각이다. 환자들의 후각에 병원의 인상을 남기기 위해 사용하는 방법으로는 과거에는 소독약 냄새였지만, 요즘은 병원 특유의 냄새를 없애거나 줄이기 위해 최대한 노력을 한다. 이는 냄새 자체가 싫어서가 아니라 소독약 냄새를 맡게 되면 사람들은 자연스럽게 아프고 불편한 경험으로 연상작용이 일어나기 때문이다. 차가운 수술방, 메스, 마취, 피 이런 식으로 냄새만으로 환자에게 공포를 선물할 수 있기 때문에 냄새

대신 향기를 선물하는 것이다.

그래서 병원 전체에 방향제를 사용하는 경우도 있지만, 환자 개인의 기호를 고려해 구강청정제나 손 소독제 또는 사탕 같은 것을 준비하는 것도 좋다.

아메리카노를 제공하는 것도 음료를 제공하는 것 이상의 효과가 있음을 알고 조금 더 신경 써서 준비하는 것이 좋다. 커피향을 맡는 것만으로 눈의 채도가 올라가고 에너지가 상승하는 카페인 효과가 나타난다. 엘리베이터에서 카페테리아가 있는 병원 4층 문이 열리자 마시지도 않았지만, 향이 좋다고 옆에 있던 지인과 이야기를 한다.

인간의 기억 중에 가장 마지막까지 남는 것이 후각이라고 한다. 그래서 헤어진 연인의 얼굴은 잘 기억이 나지는 않지만, 누군가 그 사람과 같은 향수를 뿌린 사람이 지나가면 그 사람들 돌아보게 되면서 헤어진 연인이 기억이 난다.

환자의 기억에 남는 향기를 선물하자. 그렇게 하면 나중에 그 원장 이름은 생각이 나지 않지만 무엇을 얼마에 상담했는지 기억이 나지 않지만 향기와 연관된 상황을 기억해 낼 수 있다.

환자가 가장 먼저 병원과 마주하는 감각은 시각적 자극이다. 병원의 간판, 안내표지판, 엘리베이터, 리셉션리스트의 자세/용모/태도 등 환자에게 시각적인 자극을 어떻게 줄 수 있을까?

병원의 마케팅을 담당하는 사람들이 병원 로고나 간판 제작 또는 웹페이지 구성에 심혈을 기울이는 이유도 환자들의 눈을 사로잡기 위해서다. 그러나 환자들은 너무 많은 시각적 자극에 지쳐있다.

대기실을 보아도 잡지, 브로셔, 배너, 안내표지판, 안내 문구 등 어디에 눈길을 두어야 할지 집중하기 어렵다.

상담 때도 다양한 시각적 자료를 활용한 사례가 있다. 치료 사례를 파워포인트로 만들어 보여주거나, 치료과정을 동영상으로 설명하거나 시술 후 결과를 디지털 기술을 활용한 프로그램으로 설명하거나 전통적인 방법으로는 펜으로 그려가며 설명을 하기도 한다. 상담실 뒤에는 원장님의 학위와 치료 관련 포스터 등이 가득 걸려 있다.

시각적인 자료를 제한하여 **중요한 메시지를 강렬하게 전달하자.** 환자에 따라서는 지나친 시청각 자료를 사용해 설명하다가 오히려 치료에 대한 공포심이 깊어지는 경우도 있다. 자체 제작한 동영상이 아니면 불필요한 장면이 나오기도 한다. 치료에 대한 의심이 많은 환자에게는 케이스 사진으로 시술경력을 대신해서 설명하고 가급적 한 환자에게 두 가지 이상의 시청각 자료를 한꺼번에 사용하지 않도록 한다.

시각 자료는 따로 준비해 두는 것이 좋다. 계속해서 의심하고 과정을 머릿속으로 떠올리지 못하는 환자에게는 차례로 한 가지씩 공개하는 편이다. 환자가 이해하고 나면 추가적으로 자료를 제시하지 않는다. 상담 동의율을 높이기 위해서는 시각적 자료가 가장 많이 사용되고 있는데, 상담자가 직접 제작해 사용하는 것이 가장 바람직하다. 상담자마다 상담 스타일이 있는데 다른 사람이나 회사 것을 사용하다 보면 말과 자료가 일치하지 않는 경우가 발생할 수 있기 때문에 스스로의 자료집을 만들어 활용하라.

촉각을 자극하는 것은 통증과 환자의 안정감과 연관성이 깊다. 병원 치료에 대한 공포심이 심한 환자의 경우 본인의 손을 다른 쪽 손으로 꽉 쥐거나 손톱으로 누르는 행동을 보이는 것을 관찰할 수 있다. 이는 치료 부위로 집중된 스스로의 관심을 다른 쪽으로 돌리려는 자연적인 행동특성이다.

촉각은 아이들 정서발달에 도움이 되기도 하고 성인에게도 심리적 안정감을 준다. 병원에서 사용하는 침구류 사용도 섬세하게 배려를 하자. 침구류의 정서적인 면까지 고려하여 선택을 한다.

라식수술을 받고 회복실로 안내될 때 막 수술이 끝난 상태라 앞이 보이지 않아 전적으로 안내자에 의지할 수밖에 없었다. 마취가 없어질 때까지 접이식 침대에 누워있어야 했는데, 접혀 있던 침대를 펴서 앉기 편하게 준비가 되어 있었고 등을 기대니 등받이를 넘겨서 누울 수 있도록 배려해 주었다. 너무 안락해서 앞이 보이지 않는 상황에서도 할 수만 있다면 우리 병원에서 하나쯤 장만하면 좋겠다는 생각이 들었다.

치료에 불안감을 느끼는 환자에게 쿠션이나 작은 곰인형을 안겨주거나, 마취나 침 등 치료를 받을 때는 지압봉을 쥐어준다.

사람의 촉각을 활용한 마케팅 중 최고의 히트작은 스마트폰이다. 사람과 사람이 떨어져 있지만, 전화기를 터치함으로써 촉각에 대한 그리움을 해소한다고 한다. 딱딱한 지압봉을 잡을 수 있도록 한다거나, 손을 잡아 주는 것도 간단하지만 환자의 호감을 살 수 있는 좋은 방법이다.

사람의 민감한 촉각을 활용한 사례가 성형외과에 있다. 가슴 보형물 샘플을 직접 만져볼 수 있게 한 것이다. 민망해서 어디 만져 볼 수나 있나 생각하겠지만, 환자들의 반응은 의외로 폭발적이다.

상담 시에 다양한 샘플을 마련해 환자가 만져보거나 직접 조작해 볼 수 있는 것은 환자의 정서적 안정을 유발할 수 있을 뿐 아니라 호감을 쌓고 좋은 상담 성과로 이어진다.

## 남자는 시각, 여자는 청각

오감을 활용한 옵션 제공은 개인차가 있다. 감각이 지나치게 발달해 있는 사람에게는 오히려 역효과가 날 수 있다.

청력이 발달한 사람은 보통의 소리에도 민감하게 반응하고 촉각이 발달한 사람의 작은 자극에도 아프다고 표현할 수 있다. 이는 자연스러운 것이니 상담 과정에서 혹시라도 환자의 감각에 대한 정보를 알게 되었다면 진료실 직원에게도 **사전에 정보를 공유**하는 것이 좋다. 오랫동안 투병을 해 합병증으로 병원을 옮긴 환자나 수차례 치료와 수술을 반복한 사람은 많은 자극에 예민하니 특별한 관리의 대상이 된다.

흔히 남자는 시각에 강하고, 여자는 청각에 강하다는 말을 한다. 보고, 듣고, 냄새를 맡는 여러 감각에 **남녀 차**가 존재한다는 건 의학적으로 이미 밝혀져 있지만, 그 차이를 알아보자.

지금까지의 남자와 여자가 느끼는 감각의 차이를 종합해 보면 남자가 움직이는 물체를 보고 반응하는 속도가 여자에 비해 빨랐고, 물체를 봤을 때 세밀하게 구분해내는 능력도 더 좋다고 한다.

반면 소리를 증폭시키는 청각세포의 능력은 여자가 남자에 비해 20% 정도 더 발달해 있었고 같은 정도의 냄새에 민감하게 반응하는 정도도 모든 연령대에서 여자가 뛰어난 것으로 밝혀져 있다.

이는 흔히 남자는 운동과 공간지각 면에서 뛰어나며 여자는 언어 매개의 기억과 사회적 인지 능력에서 뛰어나다는 연구 결과와 일맥상통한다. 즉, 여자는 집중, 언어, 얼굴 기억, 추론 속도 면에서 남자보다 나은 수행력을 보이며, 남자는 공간 처리와 감각 운동, 운동속도 면에서 여자보다 낫다고 한다.

실제로 남자와 여자 사이의 감각 차이는 실험을 해보면 구분이 확연히 차이가 난다는 것을 알 수 있다. 시각 검사를 해보면 남자가 여자에 비해 물체를 세밀하게 구분해내는 능력이 월등히 뛰어났다. 반면에 청각과 후각검사를 해 보면, 같은 크기의 소리와 냄새 자극에는 여자가 남자보다 훨씬 더 예민하게 반응하는 것으로 나타났다.

이런 감각 차이를 병원상담에 어떻게 응용할 수 있을까?

남자 환자에게는 길고 오래 상담하는 것이 불필요하게 느껴지고 환자에게 피로감만 더할 수 있다. 치료방법을 간략하게 설명하고 길게 설명해야 할 것이 있다면 시각적인 자료를 활용하는 것이 유리하다.

반면 여자 환자에게는 언어적인 설명이 효과적이고 이야기를 나누는 곳의 분위기와 상담자의 말투, 억양, 표정까지 신경을 써야 한다. 여성이 감각에 예민한 것은 그만큼 감각이 발달했기 때문이지 까다롭게 굴고 싶어서 그런 것이 아니다.

그렇기 때문에 남자 환자에 비해 여자 환자의 상담시간이 더 길어질 수 있다. 하지만 여성 환자의 경우 최초 신뢰가 쌓이면 쉽게 마음을 바꾸지 않고 입소문을 더 많이 일으키는 쪽도 여성이라는 것을 기억하자.

감각의 차이는 **나이**가 들면, 좀 더 확연하게 드러난다. 보고, 듣고, 냄새를 맡는 능력이 나이가 들어 떨어지기 시작하면, 시각이나 청각, 후각에 문제가 더 빨리 올 수 있다. 젊어서는 기능이 좋기 때문에 별 표시가 안 나다가 나이가 들어서 기능이 떨어지면 남성이 후각이나 청각에 불편을 훨씬 빨리 느끼게 된다.

최근 사회적인 이슈 중 하나로 노령화를 들 수 있다. 노인 환자는 젊은 사람들에 비해 보고 듣고 냄새 맡는 능력이 떨어진다. 그래서 더 큰 소리로 더 자주 강조해서 이야기해야 하고 말로 하고 글로 하고 그림으로 해서 환자의 오감을 최대한 다양하게 활용해야 한다.

노인분들의 기억에는 한계가 있는 것은 뇌 기능이 떨어지기 때문에 모든 내용을 저장할 수 없어 선택적으로 기억하고 싶은 내용만을 기억하게 되기 때문이지 의도적으로 스스로에게 유리한 내용만을 기억하는 것이 아니다. 그러므로 마음을 단단히 먹고 은근과 끈기를 가지고 상담에 임해야 한다.

왜 젊은 사람들처럼 한 번에 알아듣지 못하는지 속이 터질 때가 한두 번이 아니라는 하소연을 듣지만, 노인의 감각이 젊은 사람과 같을 것이라는 생각을 내려두고 상담을 하는 것이 현명한 방법이다.

감각 기능은 후천적인 환경에 의해서 영향을 받기도 한다. 직업적인 요인이 발생할 수도 있는데, 오래 일하는 경우 난시와 난청이 생기는 경우가 있다. 소음에 노출되는 환경에서 일하는 직업을 가진 경우에는 난청이 생기고, 가까운 물체를 오랫동안 보며 정밀한 작업을 오래 하는 경우 시력에 악영향을 줄 수 있다. 한 가지 감각을 오래 사용하다 보면 기능이 더 빨리 떨어질 수밖에 없다.

환자의 감각을 다양하게 알고 그에 맞는 오감을 자극할 수 있는 옵션을 병원 내에 제도적으로 만들어서 활용해 보자.

## | 옵션관리 체크리스트

체크리스트는 병원 살리는 상담실장의 조건 중 전문성, 친밀성, 일관성으로 분류하였다.

병원의 진료과목이나 주로 내원하는 환자들의 특성과 상담과 마케팅의 목적에 따라 다양하게 활용해서 사용할 수 있다. 다양한 측면에서 고려해 보고 우리 병원이 잘하고 있는 것과 취약한 부분을 알아볼 수 있는 기회가 될 수 있다.

상담자는 의욕이 넘쳐서 이것저것 제안을 하고 만들어 보지만 의외로 원장님이 시큰둥해하는 경우가 있고 반대의 경우도 발생할 수 있다. 병원구성원 모두가 모여서 체크하고 수정 보완하여 사용하는 것 좋은 방법이 될 수 있다.

| 대분류 | 옵션리스트 | YES | NO |
|---|---|---|---|
| 전문성 | 원장님의 약력을 확인할 수 있는 게시물이 있습니다. | | |
| | 진료비 배려기준이 원내에 있습니다. | | |
| | 있다면, 기준 적용 기준은 무엇입니까? | | |
| | 진료비 배려 시 상담자에게 재량권이 있습니까? | | |
| | 병원 안에 진료프로세스나 옵션의 내용을 변경할 수 있습니까? | | |
| | 프로세스 변경 시 공유할 수 있는 방법이 있습니까? | | |
| | 진료내용에 대한 보증기간이 명확합니까? | | |
| | 환자 상담 시 활용 가능한 매체가 다양합니까? | | |
| | 원내 계속교육프로그램이 있습니까? | | |
| | 원내 교육지원 기준이 있습니까? | | |
| 친밀성 | 원내 환자에게 고마움을 표시에 활용할 수 있는 물품이 있습니까? | | |
| | 있다면 주로 활용하는 것은 무엇입니까? | | |
| | 환자의 통증을 완화할 수 있는 장치/기구가 있습니까? | | |
| | 있다면 활용하고 있는 것은 무엇입니까? | | |
| | 정기적으로 원내 환경 개선에 투자하고 있습니까? | | |
| | 원내 신문/잡지 비치되어 있습니까? 인터넷 연결은 원활한가요? | | |
| | 환자와의 친밀도 향상을 위해 투자할 수 있습니까? | | |
| 일관성 | 원장님과 직원 중 장기근속자가 많습니까? | | |
| | 환자 응대 매뉴얼이 있습니까? | | |
| | 환자 상담관리 프로세스가 있습니까? | | |
| | 미내원 환자의 관리 프로세스가 있습니까? | | |
| | 리콜 관리 프로세스가 있습니까? | | |
| | 해피콜 리스트가 있습니까? | | |

| | | | |
|---|---|---|---|
| | 병원의 주요 내원환자에 대한 정보가 있습니까? | | |
| | 병원의 진료수입과 성장속도가 나의 발전과 관계가 있다고 생각하십니까? | | |
| 상담자 체크 | 상담 시 다양한 매체를 활용할 수 있습니까? | | |
| | 우리 병원에 개선사항이 있습니까? | | |
| | 있다면, 개선사항은 무엇입니까? | | |
| | 지속적인 성장을 위해 학습할 준비가 되어있습니까? | | |

## 매력과 태도

고객이 구매를 결정하는 순간을 MOT라고 한다. 과연 우리 병원의 어떤 요소가 환자에게 매력적으로 다가갔기에 치료를 결정하게 되었는지 물어본 적이 있는가?

병원상담이 성공해서 환자가 우리 병원에서 치료하기로 결정한 순간은 언제일까?

상담이 성공한 순간을 100%로 놓고 보았을 때 원장님의 전문성은 몇 %의 도움이 되었을까?

코디네이터의 밝은 인사와 상큼한 미소와 화려한 외모는 어느 정도 공헌을 했을까?

개선 없는 고객만족도 조사를 하지 않는다. 지시적이고 훈련을 위한 CS교육도 직원들의 업무 강도만 높일 뿐 효과성을 검증하기 어렵다. 원내에서 직접 실시하는 고객만족도 조사의 경우 병원에 대해 호감도가 있고 성향이 온화한 분을 찾아 설문할 것을 정중하게 부탁해서 이루어지는 경우가 많기 때문에 솔직한 답변을 기대하기 어렵다.

대기실에서 환자가 SNS를 통해 어떤 메시지를 친구에게 보내는지가 궁금하다. 친구에게 리얼하게 병원을 평가할 것이기 때문이다. '무려 10분 기다림, 이럴 거면 예약은 왜 하는지 모르겠음' 하고 메시지를 보내고는 괜찮다고 말하고 있는지 모른다.

환자가 상담에 동의하지 않는 이유와 우리 병원에서 치료를 받겠다고 마음먹는 이유에는 **지극히 개인적이고 감정적인 부분이** 차지한다. 소비자는 자신이 합리적이고 이성적인 결정을 했다고 믿고 싶겠지만 대부분의 결정은 개인적 경험과 성향에 따라 이뤄진다.

가장 마음에 드는 한 가지, 상담자의 말투나 공손한 태도 등 이끌림에 의해 결정을 하고 첫인상이 맞았다고 생각이 들면 전체적인 치료에 만족하게 된다. 첫인상에서 받은 생각이 틀렸다고 생각이 들면 속았다고 생각하고 치료 전체를 불만족으로 결론을 내는 경우가 많다.


환자가 결정하는 순간에 가장 많이 관여하는 한 사람이 상담자이기 때문에 상담자 스스로도 다양한 측면에서 스스로를 변화시켜야 한다.

환자가 가장 편안을 느낄 목소리는 어떤 톤인지, 어떻게 입고 있어야 환자에게 가장 신뢰감과 안정감을 줄 수 있는지, 상담할 때 어떤 마음가짐을 가지고 임하는지도 환자들은 다 느끼는 것 같다.


'혹시 원장님 친인척인가요?'라는 질문을 가끔 받는다.

'아뇨 그냥 직원입니다.'

'진지하게 일하는 것 같아서요.'

'칭찬으로 듣겠습니다.'

이런 말이 오고 갈 때가 있다. 혹시 그런 생각을 가졌다고 해도 그 속마음을 표현하는 환자는 적다. 이와 비슷한 이야기를 들을 때마다 나의 진심을 환자가 느껴준 것 같아 고맙다.

**병원상담의 가장 결정적인 옵션은 상담자 자신이다.** 병원 내에 다양한 옵션을 활용해서 상담을 진행하는 당사자도 상담자이고, 환자의 다양한 개성에 따라 상담을 설계하고 이끌어가는 것도 상담자가 된다.

사람은 저마다의 취향이 있다. 수수함에 끌리는 사람이 있고 화려함에 끌리는 사람이 있다. 환자도 마찬가지다. 차분하게 세세한 설명이 잘 통하는 환자가 있고, 필요한 설명만 듣기를 바라는 환자가 있고, 치료내용보다는 위로가 먼저인 환자도 있다.

상담자가 스스로의 매력을 개발하고 태도를 가꾸어 나가는 것은 구원투수를 얻는 것 이상으로 중요하다. 매력과 태도는 누구와 나누는 것이 아니라 온전하게 본인의 것이 되기 때문이다.

한 가지 스타일만 고집하거나 자신의 스타일에 맞는 환자만을 가려가며 상담을 하다 보면 상담력은 나아지지 않는다.

혼자만 가지고 있는 옵션을 만들어보도록 하자.

직원을 채용하는 자리에서 '가장 자신 있는 것은 무엇입니까?'라는 질문을 하고 후회한 적이 있다. 꽤 오랫동안 병원 일을 해왔음에도 자신의 장점이나 특기를 말하지 못하는 지원자들이 많아서 놀라고 실망했다.

간혹 직원끼리 다툼이 있을 때 당사자를 따로 불러 물어본다.

'A는 B보다 잘하는 것이 무엇인가?' 그때 답을 하기 어려우면 그것이 분쟁의 소지가 된다. 내가 B보다 잘하는 것이 있다고 자부하는 것이 있으면 똑같은 곳에서 다투거나 질투를 하지 않아도 된다. 자신이 잘하는 영역에서 역량을 발휘할 수 있도록 업무를 재배치한다.

**인터뷰에서 무엇을 가장 잘하냐고 물었을 때 무엇이라고 대답할지 준비를 하고 평소에 그런 매력을 가꾸도록 하자.**

Part

6

—

상담하기

사람이 온다는 건

실은 어머어마한 일이다.

그는 그의 과거와 현재와

그리고 그의 미래와

함께 오기 때문이다.

한 사람의 일생이 오기 때문이다.


– 정현종, 〈방문객〉 중에서

# 전달력이 좋아지는 법

지금까지 5장에 거쳐 잘 상담하기 위해서 준비과정을 가졌다. 아무리 내공이 깊다고 해도 상담자의 의도와 병원의 가치가 제대로 전달되지 않는다면 의미가 없다.

충분하게 트레이닝이 되었다면, 이제 모든 준비가 된 것과 같기 때문에 어떤 환자와 어떤 상황에 마주하게 되더라고 당황하지 않고 상담의 노예가 아닌 상담의 주인이 되어서 원하는 결과를 낼 수 있게 되었다고 자부해도 좋다.

서두에서 이야기한 제대로 읽고 생각하고 자유롭게 말하기를 이야기하면서 예를 든 '기적의 사과'의 그림을 이제 아래와 같이 바꿔보자.

고개를 끄덕이며 공감하는 독자도 있을 것이고, 고개를 갸우뚱하며 아직 부족하다고 생각하는 독자도 있을 것이라고 생각한다.

이제부터는 상담자들이 공통적으로 어려워하는 환자들의 예를 들어 앞에서 우리가 배운 내용이 실전 상담에서는 어떻게 활용될 수 있는지 실전 연습을 해보자.

## ▌병원상담의 로드맵

제시하는 병원상담의 모든 전략을 표로 요약하면 아래와 같다.

병원탐색, 환자탐색, 상담자탐색은 주원료에 속하고 옵션과 관찰습관은 양념이라고 할 수 있다. 음식은 재료가 믿을 수 있고, 청결하게 조리되어야 하며 다 먹고 속이 편해야 하고 무엇보다 맛이 있어야 한다.

창의적 상담전략

병원상담과 치료법이 음식을 요리하고 먹는 과정과 비슷하다는 생각을 한다. 병원도 사람을 믿을 수 있고, 치료과정이 청결해야 하며 치료 후에는 심신이 편안해야 하며, 무엇보다 부작용이 없어야 한다.

같은 원재료와 양념을 가지고도 요리하는 사람에 따라 다른 맛을 내기도 하고 사람에 따라 재료와 양념이 빈약해도 제법 그럴듯한 맛을 내기도 한다.

요리사마다 자신만의 레시피가 있듯이 개성 있고 창의적인 상담전략을 만들어 내기 위해 연습이 필요하다.

생활의 달인에 출연해 만두의 달인 된 연남동 이품분식의 80대 할아버지는 60년간 만두를 빚어 왔는데도 만두가 어렵다고 말한다.

그만큼 제대로 된 만두 맛을 내기 위해서 새벽부터 반죽에서부터 숙성과정까지 직접 해 오고 있다고 한다. 반죽의 제대로 된 숙성을 위해 백열전구를 이용해 직접 만두 숙성실을 만들고 돼지 껍질을 삶아 굳혀서 감칠맛을 더하는 비법 등 우리는 예사로 먹는 만두를 제대로 만들기 위해 노력하신 모습을 보며 저절로 감탄이 나온다. 비가 오는 날에는 공기 중에 수분이 많아져서 반죽할 때 물의 양을 줄인다고 한다.

창의적 상담전략도 이와 유사하다. 모든 조건이 같고 환자의 결혼 여부 하나에도 상담법이 달라질 수 있다. **미묘한 차이를 느끼고 실전에 반영하고 미묘함을 채우기 위해 공부하는 사람이 프로다.**

개발된 옵션의 종류에 따라 상담결과가 달라질 수 있고, 관찰습관에 따라 상담 과정 중 이야기가 달라진다. 상담시간은 계속 길어지는데 그 내용을 따져보면 같은 말만 반복하고 있는 것을 곁에서 지켜보면 답답하다.

재료와 양념에 따라 미세하게 변하는 상담의 맛을 느끼고 그 맛에 따라 물이나 불 또는 양념을 더하거나 덜해가면서 최고의 맛을 찾아내는 어려운 과정을 극복하고 결국 즐길 수 있게 되기를 바란다.

## 성격이 예민한 미혼 여성이
## 미용을 목적으로 성형을 원하는 경우

지금 당신에게는 초진기록지와 진단기록이 있다. 추가적으로 환자에 대해 무엇이 더 궁금한가?

환자의 내향성과 외향성을 먼저 관찰할 필요가 있다. 성격이 예민한 사람도 신환기록지의 필체나 말의 속도와 걸음걸이를 관찰하면 알 수 있다. 성향에 따라 예민함을 표현하는 정도나 확인하는 과정이 다르기 때문이다.

외향적 성향을 가진 경우에는 성형을 하려는 이유를 묻고 적는다. 치료 기간을 언제까지 맞춰야 하는지도 질문한다. 그런 후 환자가 말한 기대치와 기간에 대해 우리 병원에서 지킬 수는 약속을 이야기한다.

'말씀하신 기간(길 수도 짧을 수도 있지만)은 상처가 치유되는 기간도 안 되는 짧은 기간입니다. 1, 2주 정도 더 소요될 수 있는데 괜찮으신가요?'

내향적 성향을 가진 미혼 여성은 반대로 상대가 질문을 많이 하게 한다. 혹시 치료 기간이나 치료방법에 대해 궁금하신 것이 있으신가요? 그런 경우 본인이 예민해서 견디기 힘든 사항을 질문하기 시작한다. 좋은 점은 예약시간을 잘 지킨다는 것이다. 하지만 병원 사정으로 예약시간을 준수하지 못하면 작게 클레임할 수 있기 때문에 약속을 할 때 신중하고 현재 진행 중인 내용을 재차 확인하면서 상담을 진행해야 한다.

'지금까지 설명드린 내용을 다시 한번 확인하겠습니다. 자연스러움이 더 중요하시다는 말씀이시죠.'

30대 후반 여성에게 상담 과정 중 결혼에 대한 이야기를 할 것인가?

친근감을 표현하기 위해 치료받고 나면 더 예뻐지실 거예요, 좋은 곳에 시집가실 거예요, 또는 멋진 남자 만나실 거예요 라고 말한다면 어떨까?

그 발언 난 반댈세. 개인적인 질문을 거침없이 하며 무례함을 범하는 상담을 목격하면 등골이 오싹하다. 예민한 성격의 사람들은 생각이 많다. 그 자리에서 싫은 내색을 하거나 화를 내지 않았다고 해서 상담이 성공한 것이 아니다. 예민한 사람에게는 남자든 여자든 오해를 살만한 추측성 상담을 가급적 피하는 것이 좋다. 본인이 판단한 내용일지라도 질문을 통해 확인하는 과정이 필요하다.

'성형을 결심하신 특별한 이유라도 있으세요?'

치료내용이 코 수술이든 치아교정이든 보톡스든 마찬가지이다. 개인의 성형 경험에 따라 치료과정에 대한 설명을 줄일 수는 있지만, 시청각 자료도 자극적인 증례 사진보다는 많은 케이스를 선보이는 것이 효과적이다.

예민한 환자를 케어할 수 있을 정도로 원장님과 진료실 스텝이 다정다감한 편이 아니라면, 미리 환자에게 고지하는 것이 좋다.

'치료 중 궁금하신 점이 있으시면 언제든지 제게 문의해 주세요.'

예민한 미혼 여성에 밑줄을 긋고 그들을 위해 모든 요소를 떠올려 보는 것이다.

다음은 성형과 관련해 트위터나 블로그에 사용된 단어를 분석한 자료이다.

〈좌 2014년  우 2022년 출처: Social Metric BIZ〉

성형을 고민하는 미혼여성의 SNS를 관찰한 내용이다.

미혼 여성의 검색 1위는 돈, 화려하다, 나이이다. 성형과 관련해서 심리적인 느낌은 경험보다 중요함이다. 그래서 성형외과를 찾아왔으니 걱정을 덜어 주어야 한다.

'사회적으로 외모가 많이 중요하게 인식되고 있는 것이 사실입니다. 성형한 사람들이 많이 늘어나고 있는 것이 사실이지만, 처음 결심하실 때는 당연하게 걱정이 되실 겁니다. 어떤 병원을 찾아가서 누구에게 얼마에 수술을 받아야 할지 누구를 믿어야 할지 고려해야 할 사항이 하나 둘이 아닐 텐데요. 그중에서 지금 가장 걱정되는 사항은 무엇이세요?'라고 묻는다.

여기서 환자의 내원경로가 다르다면 외향형의 환자는 직장동료의 소개로 내원을 했다고 가정을 해보자. 내향형의 환자는 인터넷 검색을 통해 병원을 선택했다면 상담의 결이 달라진다.

성형 효과와 결과에 대한 의심이 많은 환자에게 병원 내 Retouch프로그램이 운영되고 있다면 환자의 선택에 도움이 될 것이다.

### 치료경험은 없지만
### 여러 병원상담을 다니는 50대 남성

초진기록지와 진단결과를 받아보면 환자의 내원이유를 파악할 수 있다. 어딘가 불편해지기 시작했지만, 병원은 처음이라 여러 병원을 탐색하는 중이다.

상담자 이 환자에게 더 궁금한 점은 무엇인가?

- 이 환자는 말이 많은 편인가 과묵한 편인가가 궁금하다.
- 경제적 수준이 궁금하다.
- 그동안 치료를 미룬 이유가 궁금하다.
- 다른 병원에서 어떤 상담을 받고 왔는지 궁금하다.
- 우리 병원에 온 이유와 경로가 궁금하다.
- 직접 병원을 알아보고 다니는 이유가 궁금하다.

환자가 받아야 하는 치료의 위급성과 전체치료비에 따라 크게 달라질 수 있겠지만, 환자의 말하는 성향에 따라 환자가 병원을 알아보고 다니는 이유를 유추할 수 있기 때문이다. 초진기록지만 보아도 환자의 언어 습관을 알 수 있다. 말이 많고 호기심이 많은 환자의 경우 비교적 큰 치료가 아니지만 스스로를 위해 쇼핑을 한다. 15년 지난 치료경험으로 인해 병원을 오기도 어느 병원을 믿고 치료를 받아야 할지도 모르겠다고 하소연을 한다. 그러면서 원장님의 학력, 경력, 이력을 조사하기 시작하면 난감하다.

그럴 때 이야기의 맥을 상담자 쪽으로 끌어오는 힘 있는 질문은 무엇이 있을까?

'먼저 다녀오신 병원은 어떠셨어요?'라고 묻는다.

그러면 환자는 'A는 사람이 너무 많아서 예약이 너무 멀고, B는 실장이 쌀쌀맞고, C는 집이랑 너무 멀다.' 등 다녀왔던 병원에 대한 불만 사항을 말하기 시작한다.

'잘하면서 예약도 척척해 드리고 가격도 싸고 집이랑 가깝기까지 하면 좋지만 그런 병원은 없습니다.'라고 이야기를 한다.

'알지만, 그래도 최소한'이라고 말문을 열면서 중요하게 생각하고 있는 것에 대해 구체적으로 이야기한다.

사회에서 왕성하게 활동해서 바쁜 50대 남성은 스스로 병원을 알아보고 다닐 정도로 시간이 많지 않다. 직접 알아보는 50대 남성은 경제적으로 여유가 부족한 경우이지만, 솔직하게 이야기하는 것을 힘들어하고 본인의 상태를 친절하게 전달받고 최적의 치료를 받기 원한다.

30, 40대의 남성은 아내와 같이 병원을 내원하는 경우가 많고, 치료 결정 여부를 아내와 결정하는 경우가 많다.

하지만 50대는 다르다. 그들을 이해하고 헤아려주어야 다른 병원과 차별화할 수 있는 Key를 찾아야 한다. 이때 상담 포인트는 **외로움과 사회적 인정**이다.

## 다른 병원과 가격비교를 하면서
## 할인해 달라고 조르는 환자

'여기는 뭔데 이렇게 비싸?' 설명을 듣기도 전에 이렇게 이야기하면 말문이 막힌다.

위로를 삼자면 그래도 다른 병원에 다녀온 것을 먼저 말해주셔서 감사하다. 나이가 많은 분 중에는 병원에 갔다 온 것을 끝까지 감추는 분이 많다.

환자가 이렇게 말하면 어떻게 반응하는가? '아이고 아니에요, 저희 병원도 그렇게 비싼 건 아닌데?'라거나 '저희 원장님은 ○○대학을 졸업하셨고, 저희는 최첨단 장비를…' 병원의 장점을 나열해 왜 비싼지를 설명하려고 하지는 않는가?

환자의 유형에 따라 이렇게 질문을 해보자.

'요즘 병원 진료비에 대해 잘 알고 계시네, 저희 병원을 찾으신 이유는

어떤 것이 있으실까요?'

'아 그렇죠. 저도 병원 한번 가면 깜짝깜짝 놀래요. 그럼에도 불구하고 저희 병원에 오신 이유가 있으실 거잖아요.'

명품가방이 다른 가방에 달려 있지 않은 수납공간이 있거나, 몸에 전혀 부담을 주지 않을 정도로 가벼운 것도 아니다. 하지만 우리는 명품가방을 원한다. 그 이유가 뭘까?

환자도 마찬가지로 널린 게 병원이며 오기만 하면 할인에 특별우대를 해주겠다고 유혹하는 병원도 많지만, 나와 마주 앉아 있는 이유가 있다. 키워드를 찾아서 치료비의 정량적 가치를 추월한 정성적 가치를 제시하라. **생각의 프레임을 가격에서 가치로 바꿔 대화의 주도권을 가져라.**

상담자가 파악한 환자가 가격보다 중요하게 생각하는 요소가 Key word이다. 그것이 기간일 수도 있고 전문성이나 통증, 주위의 평판이나 우리 병원의 브랜드일 수 있다.

때로는 Key word가 전혀 새로운 것일 수 있다. 어린 자녀와 함께 내원한 부모의 경우는 아드님/따님이 결제권을 가진 부모의 Key Word가 된다.

상담자가 환자의 이야기를 경청하고 질문을 반복한 내용을 종합하여 환자가 관심 있어 할 단어를 사용했을 때 그 단어가 환자의 Key Word인지를 알 수 있는 방법은 환자의 비언어적인 의사표현을 감지하는 것이다.

환자가 자세를 바꾸거나 눈동자가 커지거나 감고 있던 팔짱을 풀거나 목소리가 커지는 현상들을 감지했다면, 환자의 마음에 다가가는 길목을 찾은 것과 같다.

'더 저렴한 병원도 많지만 아드님을 믿고 맡길 수 있는 병원을 찾으시잖아요?'

'저희 병원에서 최대한 배려해 드릴 수 있는 기준은 ○○ 정도입니다.'
'부모님이 불안하지 않도록 아드님을 위해 최선을 다하겠습니다.'

가격을 물어오는 환자에게 가격으로 응수를 해서는 진료비 할인을 면할 수 없다.
'도대체 다른 병원은 얼마입니까?'로 반사적으로 응대하면 대화의 주도권이 환자에게 기울 수 있으니 주의한다.

## 치료해야 할 내용이 변경되거나
## 진료비가 추가될 때

치료 시작 전 환자에게 치료 후 가지게 될 편안함과 가치를 최대한 설명을 하고 추가적인 치료가 있을 수 있고, 기간은 개인차가 있을 수 있다고 설명을 했더라도 추가적으로 치료가 필요하거나 비용이 많아지면 난처하다.

환자 입장에서도 적지 않은 비용을 들여 치료를 시작했는데, 추가로 비용이 발생하면 화가 나고 치료를 시작한 이상 마무리를 해야 하는 데 필요 없다고 할 수도 없는 상황이니 모두에게 어려운 상황이다.

이렇게 난처한 상황이나 환자의 상상력을 자극하거나 환자의 결정을 기다릴 때 상담 효과를 높일 수 있는 방법이 'Pause(잠시 멈춤)'이다.

상담자는 상담시간을 대화나 설명으로 가득 채워야 한다는 강박관념을 가질 때가 있는데 그런 부담감마저 환자는 모두 느낄 수 있다.

그런 대화의 압박감에서 '잠시 멈춤'을 사용했을 때 예상치 못한 효과를 볼 수 있다.

## | Powerful Silence

상담의 실제에서 침묵은 질문만큼 힘을 발휘할 때가 있다. 물론 환자를 처음 만나 서로를 탐색하는 시간에 침묵을 활용하는 것은 위험 부담이 있다. 하지만 앞에서 든 예와 같이 치료 중에 치료내용이 변경되거나 생각보다 병소가 크거나 추가적인 치료를 요하거나 치료비가 많이 추가되는 경우가 있을 수 있다. 특히 환자가 돌발적인 질문을 했을 때 질문을 받은 사람이 답을 알지 못했을 때 전문직인 의료계 종사자들은 당황하고 즉시 답을 하려고 하다 오히려 곤란해질 수 있다.

말하기 곤란하지만 꼭 해야 할 이야기가 있을 때 침묵을 사용해 환자의 궁금증을 유발하고 환자 스스로 생각하고 이야기할 수 있도록 기다리는 것을 훈련하는 시간이 된다.

《침묵의 심리게임》(코르넬리아 토프 지음, 장혜경 역, 갈매나무)에 나온 상담할 때 활용하면 좋을 침묵에 대한 조언을 활용해 보자.

### 상대가 뇌를 활성화할 수 있도록
### 생각할 시간을 충분하게 주어라

멜로 영화의 한 장면을 보면 주인공이 병원에서 검사결과를 듣는 장면을 자주 볼 수 있다.

> 모니터를 바라보던 의사는 안경을 벗어 책상에 내려놓으며 2박자 정도를 쉰다. 두 손을 꼭 잡은 연인은 의사 앞으로 조금도 가까이 다가가 물어본다. 의사는 그때서야 어렵게 입을 뗀다.
> '이번 검사결과가…'하면서 안 좋은 소식을 전한다.

치과에서도 치료내용이 변경되었거나, 진료비가 추가될 경우에 사용해 볼 수 있다.

'○○님 지금 ○○ 치료 중이신데요. 오늘 치료 중에 원장님께서…' 하고 잠시 침묵한다.

'원장님이 뭐요?'라고 환자가 반문하면 그때 대답한다.

'작은 혹을 치료 부위 밑에서 발견하셨습니다(실제 변경된 치료내용을 이야기하면 된다). 심각한 정도는 아닌데' 하고 다시 입을 다문다.

'그런데요?'

'다음에 오셨을 때 치료를 받으시면 재발하지 않으시겠지만, (침묵) 진료비용과 치료 기간이 달라질 것 같아서요. 저도 곤혹스럽습니다.'

성격이 급한 환자는 답답하겠지만, 말 사이 사이에 잠깐의 침묵을 사용해서 환자에게 다음 이야기에 대한 상상할 수 있게 하고 궁금증을 유발시키는 효과와 함께 '이렇게 되어 원장님과 나도 무척 유감이다.'라는 미안한 감정을 침묵에 실어 신호를 보내는 것이다.

## 예상치 못한 질문이 나올 수 있다고 예상하고
## 총알처럼 대답하지 마라

침묵을 활용하면 좋은 때 두 번째는 예상치 못한 질문을 받았을 때이다. 인터넷의 발달로 때로는 병원 사람보다 더 많은 정보를 가진 환자가 늘어나고 있다. 다른 병원에서 같은 내용을 받고 온 상담을 다르게 기억하고 와서 불쑥 물어오는 경우도 있다.

상담이 한참 진행된 상황에서 환자가 그렇게 물어오는 의도는 무엇일까? 갑자기 궁금한 내용이 생각나서 일수도 있지만, 병원과 상담자의 전문성을 확인하기 위해서일 수 있다.

환자의 질문 내용을 상담자가 알고 있다고 하더라도 총알처럼 반사적으로 대답하지 마라. 또 환자가 갑자기 물어 온 내용을 알지 못하더라도 환자에게 당황한 마음을 들켜서는 안 된다.

두 경우 모두 환자의 눈을 바라보며 환자가 물어온 의도를 파악하고 천천히 대답한다. 때로는 잠시의 침묵이 환자가 질문의 의도를 말하게 만들 수도 있다.

'치료에 공포가 있는 사람은 수면마취도 해준다던데.'
··· (침묵) 네에 저희 병원도 수면치료가 가능하시지만, 환자분의 경우 꼭 하셔야 하는 경우는 아니십니다. 수면치료는 공포심이 심한 분에게는 효과가 있는 좋은 치료법이지만, 마취과정과 회복과정이 필요하고 비용까지 추가되기 때문입니다. 원하시면 언제든지 말씀하세요.

'인터넷 검색을 하다 보니 1주일 만에도 된다고 하던데요?'
··· (침묵) 요즘은 인터넷 검색 엔진이 많이 발달해서 병원에 있는 저희도 트렌드를 따라가기 어려울 때가 많아요. 정확한 내용은 모르나 예전에도 1주일 만에 가능한 치료가 있었는데, 치료방법의 이름만 좀 바뀐 것 같습니다.

여기서 중요한 것은 모르는 경우 모르는 것을 인정하고 전문가의 입장에서 최선을 다해 답하는 것, 알고 있는 경우라도 상담하는 중에 빼먹은 것과 같이 느껴지지 않도록 하는데, 잠시 멈춤으로 환자의 몰입도를 높여라.

상대방의 강한 공격에 강하게 반응하는 것은 아마추어의 습성이다. 배드민턴 경기를 보면 상대방이 강한 스매싱을 쳤을 때, 공을 강하게 올려주면 상대에게 다시 공격의 기회가 생긴다. 하지만, 상대의 강한 스매싱에 콕을 네트를 살짝만 넘기는 방법으로 응수를 하면 공격기회는 곧

내게 온다. 경기의 맥을 끊어서 기회를 만드는 것이다.

상담 장면에서 환자의 갑작스러운 공격에 바로 총알처럼 대답하기보다는 황금 같은 침묵을 사용하는 연습을 해보자.

## 입을 다물면 똑똑해 보인다

병원탐색, 환자탐색, 상담자탐색이 제대로 이루어지지 않으면서 환자의 결정이 길어지면, 상담자는 이야기를 이어가기 어려워지고 소재가 고갈되어 상담내용을 반복하기 시작한다. 이때쯤 되면 상담 과정은 진전되지 못하고 제자리를 맴돌기만 하고 환자와 상담자의 사이가 서먹해지기 시작한다. 이때 이야기를 잠시 멈추고 침묵을 사용해 보자.

병원상담이 TV홈쇼핑처럼 이루어질 필요는 없다. '지금까지 설명을 드렸는데 더 궁금하시거나 필요하신 사항이 있으신가요?'라고 말하고 잠시 환자에게 궁금했던 것이 무엇인지, 당신이 여태까지 들은 이야기가 무엇인지 생각할 수 있도록 시간을 주는 것이다.

때로는 말을 멈추는 것이 더 전문적이고 지적으로 보일 수 있다.

## 침묵과 경청은 Team이다

이렇게 질문을 하고 침묵을 사용하면 예상치 못한 효과를 보게 된다. 환자가 스스로 궁금한 것을 찾아 물어보거나, 본인의 증상에 대해 더 자세하게 물어오고 치료를 미루게 된 이유를 이야기하기 시작하면 상담자는 그 이야기를 적극적으로 경청하고, 상담 과정에 활용하면 된다.

'아~ 주변 분 중에서 수술 후 부작용 때문에 고생한 경험이 있으셨군요?'

'네!'

환자는 마치 그 내용을 어떻게 알았는지 신기해하면서 대답하지만 약 2, 3분 전에 직접 말한 내용을 확인했을 뿐인데, 유능해 보인다.

'수술 후에는 부작용을 일으키는 경우가 있지만, 모든 분이 그런 것도 아니고, 특히 저희 병원은 전문병원으로 부작용 사례는 거의 없습니다. '말씀 중에 주무시다 눈을 깜빡이는 걸 주변 분이 보셨다고 하셨는데, 그런 이야기를 처음 들은 건 얼마나 되셨나요?'

'한 2년 정도 된 것 같아요. 그전에는 대수롭지 않게 넘겼는데, 지금은 더 자주 그러는가 봐요.'

'아! 그렇군요. (침묵)'

여기서의 침묵은 환자의 증상을 듣고 환자를 위해 무언가 생각해내는 효과를 볼 수 있다. 실제로 상담을 오래 한 상담자라면 나름의 전문적인 식견을 가지고 있는 것도 중요하다.

환자를 위한 공감적 경청이나 적극적 커뮤니케이션이라는 말을 자주 듣게 되는데 공감적 경청과 적극적 커뮤니케이션은 질문과 침묵 경청으로 이어지고 그런 후에 환자를 이해하고 배려할 수 있게 되며, 이해와 배려를 받은 환자는 병원을 사랑하게 되고 기꺼이 치료계획에 능동적으로 참여하게 된다.

## 고객 클레임은 예방이 우선

데스크 정산과 미수금 관리 등에 대한 강의를 기획하던 중 작은 분쟁이 있었다. 강의를 진행하기로 한 강사가 '내용증명'에 대한 내용과 '지급명령가처분신청'에 대한 내용을 강의에 포함하겠다고 한 것이다. 강의 내용은 강의자의 고유 권한이니 포함하는 것은 강의자의 마음이지만,

시간 배정이 많은 것 같다는 피드백을 했다.

내용증명을 보낸다고 법적 강제력이 발생하는 것도 아니고, 상황이 그 지경으로 가기 전에 예방하는 방법을 더 많이 구성하고 꼭 필요하다면 내용증명과 지급명령가처분신청은 간단하게 유인물로 나눠주는 것이 어떨지에 대한 이야기로 당일 모임은 다소 경직되어 있었던 것이 사실이지만, 결국 강의 내용 중 '내용증명과 지급명령가처분신청'은 2시간 중 30분을 차지했다.

환자 클레임의 원인은 환자의 기질적 특성 곧 개성에서 발생하는 경우도 있지만, 대부분의 경우 접수와 진단 상담 치료 과정 중에 그 원인을 찾을 수 있다.

약속된 기간보다 치료 기간이 길어졌거나, 치료비용이 추가로 발생했거나, 대기시간이 번번이 길어지거나 무언가 환자가 약속된 진료비를 지불하기엔 억울한 요소가 과정 중 어딘가에 있다.


환자가 진료비를 지불하기 억울해할 요소를 찾아내는 일도 상담자가 할 일이다. 그것을 예방하기 위해서 가장 필요한 것이 질문과 침묵 경청이다.

환자마다 중요하게 생각하는 요소가 다른데 그 미묘한 차이를 알아내서 환자의 마음을 안정시켜주고 믿음을 심어줄 수 있는 유일한 사람이 상담자가 되어야 한다.

> **킹핀효과(King Pin Effect)**
> 킹핀(King Pin)은 문제를 해결하기 위한 핵심 요소를 말한다. 즉, 여러 가지 문제점 중 가장 핵심적인 문제를 찾아 이를 해결하면 나머지도 모두 풀려나갈 때 핵심문제를 킹핀이라고 한다.
> 볼링경기에서 스트라이크를 하기 위해 1번 핀을 맞추려고 애를 쓴다. 그러나 1번 핀을 맞추면 틀림없이 스페어 핀이 남는다. 그런데 볼링의

고수들은 1번 핀이 아닌 5번 핀을 맞추려고 한다. 왜냐하면 5번 핀을 쓰러트려야 스트라이크가 나오기 때문이다. 그래서 볼링에서 10개의 핀 중에서 5번 핀을 킹핀이라고 부른다. 바로 스트라이크를 치는 핵심 핀이라는 것이다.

이런 고객 클레임 예방법에 대해서 강의를 더 많이 해주었으면 했지만, 고객과 내용증명을 주고받을 사이가 되면, 이미 환자는 병원 전화번호가 스마트폰에 뜨면 받지 않을 것이며 스팸 처리해 두었을 수도 있고, 전화가 오는 시점에 옆자리에 누구라도 있다면, 자신이 병원 전화를 피하는 이유에 대해서 옆 사람에게 본인 입장에서 큰 소리로 떠들고 있을지도 모른다.

'어디서 온 전화인데 안 받아?'

'응 병원! 병원!'

'근데 왜 안 받아?'

'치료받을 때는 생전 연락도 안 하더니, 내가 더 이상 치료 안 받고 치료비도 못 내겠다 하니 하루가 멀다고 전화가 오네, 그동안 어떤 일이 있었냐면 말이야' 하면서 이야기를 시작한다. 전적으로 스스로의 기억에만 의존한 이야기이다.

고객 한 명의 클레임이 얼마나 큰 파장을 일으키는지에 대한 교육을 많이 받는다. 비단 한 환자에게 받지 못한 얼마의 진료비보다 더 큰 고객을 잃게 되고, 눈에 보이지 않는 손실은 수치로 계산하기도 어려워진다.

'환자에게 돈 달라고 하지 말고, 환자가 돈 주고 싶게 하라.'고 한다. 처음에는 제대로 알아듣지 못하던 직원이 2달 동안 70대 환자를 대하는 나의 태도를 보고 그 말은 무슨 말인지 이해할 수 있을 것 같다고 말했다.

틀니가 완성되면, 약속한 치료가 종료된 것으로 간주되어 일반적으로 진료비 수납도 완료가 되어야 하지만, 환자는 여태껏 이 병원의 치료가 마음이 든 적이 단 한 번도 없었기 때문에 남아 있는 잔액은 틀니가 자리 잡으면 주겠다고 했고, 직원은 원장님 눈치를 보기 시작했다.

'네 알겠습니다. 그렇게 하시고 오늘 치료를 진행하시죠.'라고 말씀드리고 진료를 진행했다. '그런데 지금 상황에서는 한동안 사용하시기 불편하시겠습니다. 새 틀니에 적응하시는 동안 접착제를 사용해 보시는 것은 어떠세요?' 하고 설명을 드리고 업체에서 받아 두었던 틀니접착제를 드렸다. 다음번에 진료비 납입은 완료되었다.

몸이 불편해서 간병인과 병원에 와야 하는 상황이 힘들고 불편한 환자와 올 때마다 기다리고, 두 번째 틀니라 이미 잇몸흡수가 많아 아무리 잘된 틀니라 하더라도 적응기간 동안은 감수해야 하는 불편감 등 환자가 진료비 수납을 미룬 원인을 찾아 환자를 납득시키는 것이 우선이다. 그 방법은 어디 있는가?

## 질문 침묵 경청 이해 배려

### 현명하게 이야기를 중단시키는 법

환자의 이야기를 경청하는 일은 질병의 상태를 파악하고 환자의 성향을 이해하고 Key Word를 찾는 매우 중요한 과정이지만, 실제 상담현장에서는 항상 시간이 허락되는 것은 아니다.

상담실 밖에서는 자꾸 다음 환자에 대한 신호가 떨어지고 환자와의 대화는 진전될 기미가 보이지 않는다.

아무리 질문 침묵 경청 이해 배려에 대한 이야기를 귀에 못이 박히도록 들었지만, 다음 환자와의 약속도 지켜져야 하기 때문에 상담을 마무리 지어야 할 때가 생기기 마련이다.

이럴 때는 어떻게 해야, 환자의 입장도 고려하며 상담자의 상황을 해결할 수 있을까?


'지금 말씀하신 내용 중 제가 이해한 것을 말씀드려도 될까요?'

'네, 말씀해 보세요.'

'지금 필요하신 건 취업 인터뷰가 있으신데 조금 더 좋은 인상을 남기고 싶으신 거 맞습니까?'

환자의 이야기를 들은 내용을 토대로 정리를 하고 환자에게 반문을 해 본인이 이해하고 있는 내용이 맞는지 확인을 한다. 그런 후에 해결책을 제시하는 방법이다.

이야기를 마무리할 때는 '더 궁금하신 내용이 있으신가요?'라고 꼭 물어본다.


환자의 이야기를 정리할 때는 뉘앙스가 비슷하다고 할지라도 환자가 사용했던 단어를 그래도 사용하는 것이 바람직하다.

예를 들어 환자가 취업 인터뷰라고 했다면 취업 인터뷰를 사용하는 방법이다. 면접이라고 상담자가 주로 사용하는 단어를 사용하는 것보다는 환자가 사용했던 단어를 사용함으로써 환자가 이해하기도 편하고 상담자가 본인의 이야기를 잘 듣고 있다고 자연스럽게 느끼게 되기 때문이다.

증상을 표현하고 그 내용을 확인할 때도 마찬가지이다. '입을 오래 벌리고 있으면 턱이 아파요.'라고 했는데, '턱이 아파서 입을 벌리기 어렵다'고 전달했다가 큰 곤욕을 치른 적이 있다.

전달한 입장에서는 '턱이 불편한 내용만 전달됐으면 된 거지'라고 생각할 수 있지만, 이야기를 한 환자 입장에서는 '누구를 턱이 아파서 입도 못 벌리는 사람으로 만들어?'라고 생각한다. 도대체 이놈의 병원은 환자가 어렵게 이야기하면 뭘 해 맘대로 생각해 버리는 데 하고 입을 굳게 다물어 버릴 수 있다.

**환자가 사용한 단어와 형용사를 사용한다.**

## 환자는 긍정을 좋아해

환자가 '예스'라고 했을 때의 효과는 앞에서도 강조한 바가 있다.

스스로의 결정에 대한 확신을 가지게 되면서 확신에 대한 책임을 지게 된다. 진료비 미납이나 고객 클레임이 줄어드는 것을 확인할 수 있을 것이다.

상담해서 환자의 관심과 동기를 유발시키는 방법에는 크게 두 가지가 있다. 그 내용을 든다면, 치료를 미루었을 때 환자가 겪게 될 불편함과 부작용에 관해 이야기하는 것과, 반대로 치료를 받게 되면서 변화하게 될 환자의 생활과 혜택에 관해서 설명하는 것이다. 전자를 회피동기, 후자를 접근동기라고 한다.

칫솔질을 예를 들어보자. 전자의 경우 '칫솔질을 게을리하면 입속 세균이 증가하고 입속 세균은 플라그와 치석이 되어 잇몸에 부착해 잇몸에서 피가 나게 하고 치조골을 파괴하고 이가 시리다가 결국에는 이를 빼야 할 수도 있습니다. 그러니 이를 닦으세요.'라고 말하는 것이다.

다른 경우는 '입속 세균지수는 6점이 가장 높은 것인데, 식후 3.5는 높다고 할 수 없지만, 이 세균이 오래 남아 있으면 잇몸과 잇몸뼈에 안 좋은 영향을 줄 수 있으니 바로바로 닦아 주어야 합니다. 올바른 칫솔질의 효과는…' 하면서 긍정적인 부분을 강조하는 것이다.

상황에 따라 두 가지를 적절하게 병행하여 사용하는 것이 바람직하겠지만, 대부분의 경우 긍정을 이야기해서 기대심리를 높이는 것이 바람직한 결과를 얻을 수 있다. 특히 외향적이고 친근함을 중시하는 사람일수록 긍정의 효과는 더 크다.

'이렇게 될 동안 뭐하고 병원에 이제 오신 겁니까?'와 '이제라도 치료를 시작하시면 지금보다 좋은 결과가 있을 겁니다.'는 큰 차이가 있다.

환자가 미용과 성형을 위해 병원을 방문했거나, 통증을 해소하기 위해 병원을 방문했거나 본인의 증상에 대해 궁금증이 있어 병원을 방문했더라도 환자는 심리적으로 위축되어 있는 경우가 많다.

우리가 마주 대하게 되는 환자의 상태는 동일 시점에는 같다. 그런 상황에서 환자의 동기부여를 위해서 여태 무엇을 하다 이렇게 시기를 놓쳤는지, 치료를 미루면 얼마나 비극적인 결과를 초래하는지를 환자를 취조하듯이 다그치면 환자는 기분이 어떨까?

그렇지 않아도 위축되어 있는데 병원에 와서 또 혼나는 기분이 들면 의기소침해지고, 내향형의 자기주도형 남성의 경우는 반발심만 생기게 된다.

이러한 단점 지향적인 상담이 유효할 수 있지만, 극히 일부이다. 외향성의 자기 주도적이며 교육수준이 높은 경우는 칭찬보다는 사실을 기반으로 설명하는 것이 동기부여에 효과적이다.

**대부분의 경우 긍정적인 기대와 칭찬이 더 효과적**이라고 할 수 있다.

## 하루에 3번 이상 'YES'라는 대답을 들어라

그렇다면 어떻게 하면, 환자에게 3번 '예'라는 대답을 들을 수 있을까?
'예'라고 대답할 것 같은 질문을 골라 하는 것이다.

'뭐 이렇게 대답이 간단해'라고 반문할 수도 있겠지만, 때로는 단순한 것에 깊은 의미가 담긴다.

병원의 시스템과 규모에 따라서 상담이 끝나면 상담을 담당했던 사람과 환자가 마주하지 못할 수 있다.

환자에게 하루 3번 '예'라는 말을 듣도록 질문하는 방법은 전 병원에서 상담뿐 아니라 전 환자에게 모든 순간에 실시해 봄 직한 방법이다. 환자의 당연한 동의를 이끌어내는 것이다.

'오늘 날씨가 좋죠?' '오늘 덥죠?' '아프시지는 않으셨죠?' 등 환자의 증세가 관계가 있는 듯 없는 듯한 질문에서 일상적인 이야기까지 긍정적인 대답이 나올 수 있는 질문을 연습해 두었다. 전 직원이 사용하는 방법도 좋다.

질문에도 약간의 창의력과 정기적인 업데이트가 필요하다. 환자가 받아들이기에 학습된 것이 아니라 자연스럽게 느껴져서 스스로도 반사적으로 대답할 수 있도록 상황에 맞아야 하고 지나치게 반복되지 않아야 한다.

긍정적인 마음가짐과 태도는 치유에도 도움이 된다고 한다.

'한번 시작해 보는 것도 좋겠죠?'


## 마음으로 말하면 마음으로 듣는다

상담을 시작하기는 해야겠지만, 말주변이 없어서 고민인 사람들의 이야기를 했었다. 원래 성향이 내향적이고 수줍음이 많아서 친근하게 대하는 것이 어색해서, 자신감이 없어서 말하기가 어렵고 힘들다고 한다.

내향적인 사람이라고 반드시 수줍음을 많이 타지도 않는다. 수줍음은 사람들에게 인정받지 못하거나 창피를 당할까 봐 걱정하는 것인데, 내향성은 자극이 과하지 않은 환경을 좋아하는 성향이다. 수줍음은 본질적으로 고통스럽지만, 내향성은 그렇지 않다. 사람들이 둘을 혼동하는 한 가지 이유는 때때로 둘이 겹치기 때문이다.

앞에서 살펴본 것처럼 병원상담은 화려한 말주변으로만 하는 것이 아니다. 상담자가 관찰한 내용을 차곡차곡 정리해 두었다. 환자의 상황을 이해하고 배려하는 마음 가지고 병원의 형편에 맞게 계획을 세우고 환자에게 설득력 있게 이야기하는 과정이다.

그 내용 중에 전문성과 친밀감 신뢰 향상 기술 3가지가 모두 녹아 있으면 좋지만, 처음부터 3가지를 활용하기는 쉽지 않을뿐더러, 모든 환자에게 3가지가 다 필요한 것도 아니다.

환자에 따라서는 전문성에 중점을 두고 상담을 해야 하는 경우가 있을 수 있고, 친근함을 앞세워 상담해야 하는 경우 등 다양한 방법이 필요할 수 있다.

전문성과 친근함 어떤 내용을 중점으로 상담을 설계하더라도 환자들이 원하는 것은 누구에게나 했을 법한 내용이 아니라 나를 위해서 얼마나 고민하고 생각하고 배려했는지에 대한 병원과 상담자의 마음이다.

때에 따라서는 상담자가 환자가 되는 순간이 있다. 평소에 병원에서 상담을 해왔던 터라 내가 방문한 병원 상담자의 단점이 먼저 보이거나, 다른 환자들과 같이 위축되어 상담자의 이야기에 집중하게 되는지 곰곰이 생각해 본다.

필자는 상담자의 진심을 느껴보려고 한다. 하지만 대부분의 경우 실패한다. 짜여진 매뉴얼에 따라 상담을 하는 경우를 많이 볼 수 있다. 개별적인 배려를 받고 있다는 느낌을 받은 기억은 적다.

다음으로 보는 것이 적극성이다. 지금은 상담의 깊이는 없어도 열심히 하려고 하는 상담자에게는 점수를 더 준다.

상담하는 사람이 보이는 태도 중 가장 거리감을 느끼는 때는 진심 없이 오래된 상담자의 상담 스타일이다. 진심 없이 오래된 상담을 예로 들면 눈대중으로 환자를 판단하고 스스로가 정한 매뉴얼로 상담하는 것을 말한다.

그렇게 오래된 직감은 상담자가 경계해야 할 가장 무서운 직업병이다.

상담을 두려워하는 사람 중에는 말을 많이 해야 한다고 생각하는 강박관념도 가지고 있다. 20~40분을 말로 꽉 채워야 하는데 나는 그만한 재주가 없다고 먼저 포기하는 유형이다.

질문과 침묵 경청을 이해하고 활용할 수 있다면 상담시간이 온통 반복되는 설명으로 채워질 필요는 없다는 것을 알 수 있다.

필자가 만난 상담실장 중에는 외향적이고 과장된 표현력을 사용하는 사람은 드물다. 오히려 차분하고 조용조용하지만 본인의 의견을 단호하고 강경한 어투로 무게 있게 표현해 거부하기 힘들게 만드는 신비한 매력을 가진 분들을 많이 만나 볼 수 있다.

그런 내공은 아마도 전문성을 위한 노력에서 오는 자신감이 아닌가 생각이 든다. 내공이 쌓이면 병원과 환자와 상담을 이해하게 되고 진심으로 상담을 하게 되면 상대도 깊은 마음을 들을 수 있게 된다.

차분하고 자기 절제력이 있는 리더가 사람들을 이끄는 모습은 기업경영에서도 볼 수 있다. 경영 이론가 짐 콜린스(Jim Collins)가 실시한 연구에 따르면, 20세기 말에 최고의 성과를 거둔 기업들 중 상당수는 그가 말하는 '레벨 5 지도자'가 이끄는 곳이었다. 예외적인 CEO들은 과시나 카리스마가 아니라 극도의 겸허함과 강력한 프로 의식으로 유명했다. 유명한 저서 《좋은 기업을 넘어 위대한 기업으로(Good to Great)》에서 짐 콜린스는 다윈 스미스(Darwin Smith)의 이야기를 들려준다. 다윈 스미스는 킴벌리-클라크(Kimberly-Clark)의 책임자로 재직한 20년간 회사를 세계 유수의 제지회사로 탈바꿈시키고 시장 평균보다 네 배나 높은 주식 수익률을 달성했다.

　최고의 성과를 거두는 기업들의 공통점을 분석해 보니, CEO의 성격이 눈에 확 들어왔다고 한다. "그 기업들은 하나같이 다윈 스미스처럼 **꾸밈없는 사람들이 이끄는 곳**이었다." 스스로가 내향적이고 친밀함이 부족해서 상담을 하기 어렵다고 생각하기보다는 스스로의 단점을 정확하게 인식하고 그에 맞추어 부지런하게 준비를 하면 된다.

　한 분야에서 오랫동안 사랑받는 사람을 머릿속에 떠올려보자. 그들은 자신이 잘하는 것을 알았고 부족한 것도 알았다. 그들은 사람들을 바라보았고 자신이 할 일을 찾았다.

　말주변은 상담을 위한 일부분이라는 이야기를 반복해서 하고 있는 것이다. 반짝 빛나기보다는 오랫동안 은은하게 빛을 발할 수 있는 것이 더 멋있고 아름답다.

## 상담할 때 주의해야 할 것 몇 가지

　병원에서 상담을 오래 하다 보면 에피소드를 만들어 내기도 한다. 가족들과 외식이라도 하려고 나왔는지 '와~~ 이 식당 환자 진짜 많다.'라고 말해 가족들에게 웃음을 선사한다거나, 누군가를 부를 때 '교수님, 아버님'이 아니라 '원장님!'이라고 부르고 스스로 무엇을 잘못했는지 인식하지 못하는 경우도 있다.

　집에서 전화를 받아서는 '네 ○○병원입니다.'라고 한다는 실수를 하기도 한다. 내가 이 정도로 병원을 생각하고 걱정하는 것을 원장님은 알까? 라고 혼자 생각하면서 웃어 넘긴다.

상담을 오래 한 상담자는 그만큼 습관과 관성에 의해 일을 하기 쉽다. 하지만 세상은 빠르게 변화하고 있다. 의료계의 현실도 그만큼 녹록하지만은 않은데, 예전에는 '눈 감으면 코 베어 가는 세상'이라고 변화의 속도를 이야기했다면, 이제는 '눈 감으면 죽는다.'

그만큼 변화의 속도의 만큼이나 경쟁도 치열해지고 있다. 또한 우리가 대해야 하는 환자들의 사회적 위치와 관계도 복잡하게 변화하고 있다.

먼저 결혼 적령기에 대한 개념이 바뀌면서 상담자가 환자와의 친근감을 표현하기 위해 자주 사용하는 '아버님, 어머님'에 대한 호칭은 꼭 검증 과정을 거친 후 확실한 때에만 사용해야 한다.

미혼인지 기혼인지 확인 작업 없이 '어머님'이라는 단어를 사용했다가 오히려 환자에게 핀잔을 듣게 되는 수도 발생하고 결혼 적령기가 길어지면서 첫째 아이 출산이 늦어지고 반대의 현상도 발생한다. 엄마인지 할머니인지를 구분해야 하는 경우도 발생한다. 특히 성형외과나 피부과처럼 미용과 성형에 관심 있는 진료를 주로 하는 병원에서는 특히 더 신경써서 사용해야 하는 일반명사가 되었다.


병원에 내원한 환자의 경우 대부분 본인의 인적사항을 공개하고 건강보험증 등의 증빙을 제출하게 되어있다. 과거의 경우 한 가장의 의료보험증에 올라있는 가족구성원이 단순하게 아버지의 성을 따르고 나이 순서에 따라 가족관계가 형성됐지만, 이제는 이혼과 재혼 가정이 늘어나면서 각별한 주의를 요하는 경우가 발생한다.

아빠랑 병원에 내원했지만, 서로 별로 친하지 않고, 검사결과에 따라 치료 여부는 어머니와 통화를 해야만 진행할 수 있는 경우를 종종 보게 된다. 그런 경우 새아버지와 내원한 경우일 수 있고, 치료비의 결제 등

세밀한 내용은 어머니와 통화를 해 전화로 아이의 치료를 어머니의 지시에 따라 진행 여부가 결정된다.

여러 아이 중 현재의 아버지 어머니 사이에서 낳은 자녀가 있을 수 있고 나이 차이가 많은 형제에게 서로에 대해 알려고 하지 않는 것이 좋다. '동생이 어려서 귀엽겠다.'라는 말을 듣게 되는 상대의 감정까지 헤아려야 하며, 다문화 가정도 늘고 있고 이주민이나 외국인 노동자와 해외 환자의 병원 이용도 늘고 있다.

상담자가 만약을 대비해서 간단한 영어나 중국어 등을 익혀두는 것도 상담을 위해서 준비하면 좋지만 적어도 변화한 사회 분위기를 낯설어하거나 거부하는 태도를 보이는 모습은 보이지 말아야 한다.

## 병원을 넘어서

전 세계적인 위기를 만들고 있는 전염병의 유행은 누구도 예상하지 못한 상황을 모두에게 선사했다. 건강과 직결된 전염병의 유행으로 병원은 많은 사람의 기대를 받고 있다.

한편 전염병 감염의 온상으로 경계의 대상이 되기도 하고 있다. 따라서 몸이 불편한 사람과 전염병 감염 예방을 위해서 디지털 기술을 활용한 비대면 진료가 상시화되어가고 있다.

재택치료를 하는 사람에게 자기관리법을 설명하고, 전염병이 오래 지속되면서 심리적으로 우울감을 경험하는 사람을 위한 심리 상담이 늘어나고 있다. 이에 부족한 인력을 대체하고 질병관리를 표준화하기 위해 건강과 질병에 대한 간단하고 반복적인 응대는 챗봇과 로봇을 통해 이루어지고 있다.

따라서 의료계 디지털 기술을 활용한 기술개발이 주목받고 있다.

환자들의 불안이 커지고 병원을 구성하고 있는 많은 인력은 변화의 속도에 적응하기 위해 고군분투하고 있는 것이 실정이다.

건강에 관심이 높아지고, 건강과 질병을 관리하는 방식이 새로워지면서 단순히 치료과정과 질병에 대한 상담을 넘어 개인의 건강과 생활 전반에 대한 상담을 폭넓고 깊이 있게 할 수 있는 전문 상담 인력의 사회적 필요가 높아질 것으로 전망된다.

사람과 사람이 만나 AI로 대체할 수 없는 영향력을 주고받으며 상호

작용할수록 건강한 사람과 건강한 미래를 예측할 수 있게 될 것이다.

따라서 병원이라는 플랫폼을 통해 사람에 대한 이해를 바탕으로 상담으로 스스로 고유 콘텐츠를 개발한 전문 상담가가 되어 직업적 소명을 높이는 상담가가 많아지기를 기대한다.

### 당신의 무기는 무엇입니까?

여러 사회활동에 참여하다 보면 자신을 소개해야 하는 상황을 자주 가지게 되는 때가 많다. 대부분은 이름을 소개하고 때에 따라서는 나이와 자신이 하는 일 등을 말한다. 하는 일이 비슷한 사람들이 모였을 때는 스스로를 어떻게 소개하고 있는지 또는 앞으로 병원상담을 하는 사람들과의 모임이 있어 스스로를 소개할 때 어떻게 소개할지 생각해 보자.

누구나 이름만 말하면 알만한 병원에 다닌다면 특별한 수식어가 필요하지 않을 수도 있다. 그렇지 않을 때나 인상 깊은 자기소개를 할 때 어떻게 말할 수 있을까?

여러 사람이 모인 자리에서는 개인이 하는 일이 한 직업을 대신하는 대명사가 되는 일이 생기기도 한다.

예를 들어 무리 중에 은행에 다니는 사람이 있다면, '야! 요즘 은행 대출 받기가 왜 이렇게 어려운 거야?'라고 마치 그 사람이 은행의 대출 담당자나 된 것처럼 물어보는 것과 같다.

필자는 치과에서 주로 일을 하다 보니 이런 질문을 받고는 한다. '임플란트 가격이 많이 내렸다는데 왜 아직도 이렇게 비싼 거야?' '유디치과나 룡플란트는 나쁜 데야?' '이가 시린 이유는 뭐야?' 등의 질문이다. 그런 질문을 받을 때 독자는 어떻게 반응을 하는가?

당당하게 자신이 하는 일을 소개하고, 다양한 질문에 차이점과 유사점을 설명하고 있는가? 그런 자신감은 어디서 오는 것일까?

월급을 받기 위해 비슷비슷한 상담을 하고 '내가 왜 이 일을 하고 있는지?'에 대해 생각은 언제 해보았는가?

대한민국 병원상담자 중 내가 가장 잘할 수 있는 것은 무엇이고 그 유일함을 갖추고 있는가? 병원과 환자에 대한 고민을 마치고 상담자 스스로에 대해 깊은 고민을 해볼 수 있는 시간이 되었기를 바라는 건 필자의 개인적인 욕심일 수 있다.

## Good to the Last

더 어려운 진료에 도전해 보고 싶고 남들보다 더 잘하고 싶은 욕심이 앞서던 때가 누구에게나 있다. 어느 날 문득 매일 하던 석션이 어렵고 중요하게 여겨지고, 주사를 세상에서 가장 안 아프게 놓으려면 어떻게 해야 하는지 궁금하고 갑자기 환자에게 미안해지는 순간을 경험해 본 적이 있는가? 기본적인 것에 대한 중요함과 부족함을 함께 느끼기 시작하면서 상담에 대해서도 어려움을 느끼기 시작한 듯하다. 그게 《병원상담의 모든 것》을 쓰기 시작한 이유이기도 하다.

상담금액이 큰 환자의 상담을 하고, 다양한 진료과의 협진이 필요한 복잡한 상담이나, 남들이 하기 어려워하는 까다로운 환자를 상대해 보고 싶던 기간이 지나고 나니, 간단한 치료의 상담을 하는 것이 더 중요하고 어렵게 느껴지기 시작했다.

왜냐하면 간단한 치료가 필요한 환자는 병원과 관계가 느슨해서 재내원할 확률이 줄어들기도 하거니와 어디서 치료를 받으나 특별하게 우리 병원을 기억해 주지 않을 것 같아 조바심이 나고 약이 오르기까지 해서였다.

많은 진료비를 내고 오랜 기간 치료를 받아야 하는 환자는 치료내용을 보증받기 위해서라도 병원에 대한 친밀도가 높아지게 되지만, 다시 오는 것이 그렇게 달갑지만은 않다. 그 환자가 다시 병원을 찾는 이유는 대부분 어딘가 불편하거나 아프거나 고장이 났기 때문이다.

간단한 치료가 필요한 환자의 마음을 사로잡기 위해서 어려운 치료한 환자의 불평불만을 줄이기 위해서는 진단 상담 치료과정 어느 하나 소홀히 해서는 안 되겠다는 생각이 든다. 작고 소소하게 해야 하는 소독에서 석션 주사까지 마음이 쓰이기 시작한다.

에필로그를 쓰고 있는 지금에도 더 많은 에피소드와 환자와의 대화를 원활하게 하는 비유와 인용구들을 정리해 알려주었다면 어땠을까 욕심이 생겨나고 있다.

**어느 하나 의미 없이 생기는 일은 없다.**

한 권의 책에 마지막 한 방울까지 상담의 의미 있는 맛을 전하려는 마음을 담아 본다.

상담실장의 관찰습관
# 병원상담의 모든 것

---

**초판 1쇄**   2022년 08월 05일
**초판 2쇄**   2023년 12월 27일

**지은이**   김예성
**발행인**   김재홍
**교정·교열**   김혜린
**마케팅**   이연실
**디자인**   박효은

**발행처**   도서출판지식공감
**등록번호**   제2019-000164호
**주소**   서울특별시 영등포구 경인로82길 3-4 센터플러스 1117호(문래동1가)
**전화**   02-3141-2700
**팩스**   02-322-3089
**홈페이지**   www.bookdaum.com
**이메일**   bookon@daum.net

**가격**   18,000원
**ISBN**   979-11-5622-718-2  03320